汉语比喻词语研究

肖模艳◎著

吉林人民出版社

图书在版编目（CIP）数据

汉语比喻词语研究 / 肖模艳著. -- 长春：吉林人民出版社，2022.9
 ISBN 978-7-206-19587-7

Ⅰ.①汉… Ⅱ.①肖… Ⅲ.①现代汉语-名词-比喻-研究 Ⅳ.①H146.2

中国版本图书馆CIP数据核字（2022）第257178号

责任编辑：刘　学
封面设计：清　风

汉语比喻词语研究
HANYU BIYU CIYU YANJIU

著　　者：肖模艳
出版发行：吉林人民出版社（长春市人民大街7548号　邮政编码：130022）
咨询电话：0431-85378088
印　　刷：长春市昌信电脑图文制作有限公司
开　　本：787mm×1092mm　　1/16
印　　张：15.25　　　　　　字　　数：250千字
标准书号：ISBN 978-7-206-19587-7
版　　次：2022年12月第1版　　印　　次：2023年1月第1次印刷
定　　价：58.00元

如发现印装质量问题，影响阅读，请与印刷厂联系调换。

目 录

绪 论 ·· 001
  第一节 研究缘起 ·· 001
  第二节 研究概况 ·· 006
  第三节 研究意义 ·· 017
  第四节 研究对象 ·· 024
  第五节 研究的目标及方法 ·· 026
  第六节 研究的理论基础 ··· 028

本 体 篇

第一章 比喻新造词语 ··· 035
  第一节 比喻新造词语判定 ·· 035
  第二节 现代汉语比喻新造词语概况 ································ 039
第二章 比喻新造词语的构词规则 ······································ 060
  第一节 比喻新造词语词类 ·· 060
  第二节 比喻新造词语构词规则 ······································ 065
第三章 比喻新造词语中比喻语素义的形成 ·························· 070
  第一节 比喻语素义构词特点 ··· 070
  第二节 比喻语素义形成一般条件 ··································· 072
第四章 比喻扩展词语 ··· 077
  第一节 比喻扩展词语判定 ·· 077
  第二节 比喻义和引申义 ··· 083

第五章　比喻义发展一、般路径 ……………………………………… 088
第一节　比喻扩展词语一览 …………………………………… 088
第二节　语义构成成分对比喻义生成的影响 ………………… 089
第三节　本义与比喻义的关系 ………………………………… 090
第四节　本义朝比喻义发展的一般路径 ……………………… 095

第六章　比喻扩展词语义项的组合能力 ………………………… 104
第一节　比喻扩展词语的样本选择 …………………………… 104
第二节　本义与比喻义使用情况 ……………………………… 106
第三节　比喻扩展词语不同义项的组合与搭配 ……………… 108

语　用　篇

第七章　比喻词语释义研究 ………………………………………… 122
第一节　比喻词与比喻义的释义 ……………………………… 122
第二节　比喻词语释义类型 …………………………………… 123
第三节　比喻词语释义特点 …………………………………… 133
第四节　比喻词语释义方式 …………………………………… 138
第五节　已有辞书中比喻词语释义存在的问题 ……………… 150

第八章　面向对外汉语教学的国俗词语释义研究 ……………… 159
第一节　当前国俗词语的释义方法分析 ……………………… 160
第二节　以比喻词为例的国俗词语释义方法的实践与思考 … 163

第九章　比喻词语与文化 …………………………………………… 168
第一节　比喻词语文化研究价值 ……………………………… 169
第二节　比喻词语与文化关系 ………………………………… 173

第十章　比喻词语与历史文化 ……………………………………… 178
第一节　古汉语比喻词语反映了早期汉族社会的历史文化 … 178
第二节　比喻词语古今流变的个案研究 ……………………… 202
　　　　　——以动物为喻体的比喻词语 …………………… 202

第十一章　比喻词语文化特点 213
第一节　比喻词语喻体反映的文化特点 213
第二节　比喻词语喻体的取象类型 214
第十二章　比喻词语的认知与理解 216
第一节　比喻词语的认知机制 217
第二节　比喻词语的理解 221

余　论 226
参考文献 232

绪 论

第一节 研究缘起

比喻词语的研究很早就出现了。早在古希腊时代，亚里斯多德就对隐喻进行了系统的研究。值得注意的是，亚里斯多德的隐喻研究是以词汇为研究对象，以个体发生词语来描述隐喻过程，这种做法虽然多为后世所诟病，[①]却将词语与隐喻联系起来，将二者之间的关系进行了充分的证明。公元1世纪，罗马修辞学家昆体良又提出了著名的隐喻理论——替代论（theory of substitution），他认为：所谓隐喻实际上就是用一个词去替代另一个词的修辞现象。（束定芳，2000：3-4）基于此，我们有理由认为，比喻词语的研究实际上滥觞于古希腊时期的亚里斯多德。比喻与词语从来就具有密不可分的关系。

然而，由于修辞学在后来的岁月里日渐式微，间接影响了比喻在语言研究中的地位，直到认知语言学的兴起，比喻才重获青睐。此外，激励我们研究的原因，还有现代语言学的转向，比喻作为一种思维方式被挖掘出来；以及隐喻理论研究的方兴未艾。

一、比喻是人类造词的普遍方式

不同的语言之间既有差异又存在共性特征。语言之间的差异反映不同语言社群关于世界经验的历史发散情况，而语言之间的共性特征则反映全

[①] 原因是：1. 与亚里斯多德的另一观点矛盾，即认为隐喻很重要，它不是一场空虚的游戏；2. 以词语为研究对象有些过分简单，这其实降低了隐喻的地位。

人类的精神一致性（psychic unity of humanity）。[①]就比喻来说，这种全人类的精神一致性就是指：人类的理解和思维都是植根于人类基本的身体经验，而基本的身体经验应当是人类共有的，可以认为比喻是一种普遍的存在。

从语言的发生特别是发展来看，人类的认知活动造成语词的繁衍是一种普通语言学的常识。人们总是能够在具体事物和抽象概念之间找到相似点，习惯于借用具体的词语表述抽象概念，或借用熟知的概念表达难以定义的概念，形成一种不同概念之间相互关联的认知方式。汉语是人类语言中的一个普通成员，它同样受着普遍语言规则的制约。

认知语言学的代表人物之一Lakoff（1987）就在各语言使用隐喻（metaphor）的特点上发掘出了一系列的普遍规律。这些规律证实了比喻造词是人类语言的共性。但是，这一规律并不反对由于不同民族文化而形成的具有当地特色的比喻词语。Lakoff（1987）在探讨隐喻使用普遍规律的同时又阐发了语言相对论（relativism）的观点，即各语言都有独特的、不可公约的规则的观点。如用人作为山的喻体，英语有the foot of the mountain（山脚）的说法，却没有the waist of the mountain（山腰）的说法，此外，西方的登山人还有the shoulder of the mountain（山肩）的说法。汉语里有"山脚""山腰"的说法，却没有"山肩"的说法。"山腰"在汉语里是常用的隐喻，若在英语里说到the waist of the mountain，那将是形象说法。

再以谢信一、叶蜚声（1991，1992）的研究为例。谢氏把语言现象归结于两个相互竞争的原则：临摹性和抽象性。两者在所有的语言中都存在，所以是一种共性的现象。但不同的语言（甚至语言在不同的时期）可以在临摹性和抽象性两个极端之间作出截然不同的选择，形成临摹性的语言（如汉语）和抽象性的语言（如英语）。[②]

[①] 陈忠华，韩晓玲. 语言学与文化人类学的边缘化及其交迭领域[M]. 北京：外语教学与研究出版社，2007.
[②] 谢信一，叶蜚声. 汉语中的时间和意象（中）[J]. 当代语言学，1992，1；谢信一，叶蜚声. 汉语中的时间和意象（下）[J]. 当代语言学，1992，3.

没有比喻也可以有词义。"然而没有比喻,语言绝不可能发展成今天统治着、威胁着同时也使人类受到鼓舞和赞扬的一种令人畏惧的工具。观念之间的联系是一匹远胜过珀伽索斯的双翼神马,它可以很容易地挣脱骑手的缰绳。"①比喻之于词语,如盐之于人。没有比喻的语言必然暗淡无光。

二、现代语言学的转向

传统的词汇语义学实际上是一种词源学,研究的主要内容是意义的变化和变化的原因等内容。以行为主义为基础的结构主义(亦称形式主义)语言学一反传统,主要研究意义的分解(即义素分析,componentialanalysis)和意义的结构关系,特别是意义的聚合关系(如同义词、反义词、同音词、语义场等)和组合关系(搭配、选择、限制)。二者均取得了较大的成绩。但是,词语的聚合关系和组合关系在研究深入程度和绩效方面实际是不平衡的。语言学家在词语的聚合关系方面取得了显著的成绩,比如同义词、反义词、基本词汇、熟语等,发表了较多的论著,编写了相关的词典,认识也较为深入。相形之下,词语组合系统的研究则相对滞后,且举步维艰。这其中很大一部分原因是词语组合关系的探讨必然涉及意义。结构主义过分强调客观性、经验性和可验证性,过于关注词语形式,对意义有所忽略,导致其对于语言结构内在的联系往往缺乏解释力,难以认识语言本质所在。而词语的分析从来都离不开意义。意义与形式是词的一体两面,两者同样重要,不可偏废。正是在这种背景下,认知语言学开始形成,并在语言学界蓬勃发展起来。现代语言学出现了转折。

认知语言学认为,语言是人类感知世界的一个手段,而且是最重要的手段。它的研究有一个基本前提:"在语言和客观世界之间存在一个中间层次——'认知'。"(Svorou,1994)那么,如何利用语言来有效地认识世界呢?一般说来,人们通常要对无穷的事物根据一定的性状进行组合归类,这就是范畴化。倘若没有这项本领,世界在我们的眼中将会是一片

---

① [美]戈德伯格. 语言的奥妙[M]. 太原:山西人民出版社,2003:62.

芜杂。认知心理学家Rosch（1974）发现许多范畴都是围绕一个原型而构成，判断某物体是否归入某范畴，不是看它是否具备该范畴成员所有的共有特性，而是看它与其原型之间是否具有足够的家族相似性。原型论给语言学以强大的冲击。比如，在语义学研究中，持新范畴观的认知语言学家在研究词语时，不再执着于将语言知识与百科知识截然分开，而是把与某词的词义相关的背景信息视为一个知识的网络体系。

  范畴化理论展示了人们认识世界最基本的能力。有了范畴化，人们就容易理解自己的生活环境，就可以对经验进行处理、构造和储存。然而，实际情况却复杂得多。世界不断变化，认识不断深化，语言符号如何表达一定知识以外的自然范畴呢？人们如何通过似乎是常规的语言表达不是常规的事物呢？对这些问题的质疑，促使人们对隐喻的再思考。换句话说，人们发现了导致语言变化的触媒之一——隐喻。

三、语言变化的触媒——隐喻

  隐喻是metaphor的译名，metaphor是从希腊词metapherein来的，即meta+pherein，大致可理解为带到"字面的"后面。西方对隐喻比较系统的研究最早可以追溯到亚里斯多德。在经典名著《诗学》（*Poetics*）和《修辞学》（*Rhetoric*）中，亚里斯多德多次提到了隐喻的构成方式和修辞功能。亚里斯多德认为，隐喻是一个词代替另一个词来表达同一意义的语言手段，两者属于一种对比关系；隐喻的主要功能是修饰。由于不恰当地强调修饰作用，使隐喻变得可有可无，导致后来的研究一度衰落。直到1980年，Lakoff & Johnson合著的《我们赖以生存的隐喻》（*Metaphors We Live By*）出版。这本书开辟了一条新的从认知角度来研究隐喻的途径，沿着这条途径摸索前行的学者们取得了不少成果。

  现在，我们把隐喻理论的主要观点详列于下：

  隐喻是我们对抽象范畴进行概念化的有力的认知工具，是理解人类认知能力的唯一方法；

  隐喻是从一个概念域（通常是较为熟悉的、具体的概念域）或称认知域向另一个概念域或认知域（通常是不太熟悉的、抽象的概念域）的结构映射；

隐喻的认知基础是意象图式（image schemas），它们是基本经验，来源于我们的日常生活（完全不带隐喻的句子大概只占极少数），在概念域的映射中起着重要作用；

在隐喻中，不仅所喻获得了形式，而且喻体也得到了更新的理解。"笔耕"不仅使得写作成形，耕作也获得了新的意义。也就是说，本来处在表层的现成化的喻体，现在通过在深处和所喻交融汇合而重新成形。

以认知为背景的隐喻，其作用在于人们用语言思考所感知的物质世界和精神世界时，能从原先互不相关的不同事物、概念和语言表达中发现相似点，建立想象极其丰富的联系。这不是一个量的变化，而是认识上的质的飞跃。新的关系、新的事物、新的观念、新的语言表达方式由是而生，它是难以用规则描写的。

在隐喻研究中，概念隐喻和空间隐喻取得了令人瞩目的成就。但是，隐喻研究还处在定性分析、自由选择研究材料阶段，因此，缺少实实在在的证据。这一点，使许多学者颇有微词。Goatly（1997）、Kyratzis（1998）和Stibbe（1997）指出：不少认知隐喻研究不注重语料收集，所分析的语料通常覆盖面窄，甚至有不少是研究者坐在书斋里闭门造车地编造出来以证明一个事先预设的理论。[①]隐喻研究应该从自然语言中选择有代表性的语料，对语料的分析要在完整的语境中进行，这样才能验证认知隐喻理论的可靠性和解释力。

[①] 蓝纯. 认知语言学与隐喻研究[M]. 北京：外语教学与研究出版社，2005：128.

第二节　研究概况

一、新中国成立前对比喻词语的研究

（1）比喻词语在我国出现得很早，上古汉语就出现的合成词有些就是经过比喻造出的。如"社"原是土地神，"稷"原是五谷神。"社稷"联称用来喻指"国家"。其他如"草芥""石民""心腹""瓦合"等。但是作为研究对象加以研究的，却并不早。新中国成立前，受到西方结构主义的影响，人们往往从构词法的角度对比喻词语进行词法分析。

1919年，薛祥绥在《中国语言文字说略》一文中，就对用修辞方式造出来的复合词加以分析，将"雪白、橙黄"这类词命名为"限定"。"限定"格式约略类似于今天所说的"偏正式"，是从结构角度作出的分析。从薛祥绥的分析中可以看到，他已经注意到比喻词语的特殊性，尤其是注意到行文中出现的词汇现象，专列出"行文创造"这一类。之后，学者相继对比喻词语做了构词分析，分类更见细致。

黎锦熙《复合词构成方式简谱》（1930）中的第三类C："两名相属的复合词"里，比喻词语散见在各个下位小类中，如喻形：蚂蚁、人参、狗熊；表形质：光线、眼球、乳浆；以下形辅上名：橘红；等等。

夏丏尊《双字词语的构成方式》（1946）对比喻词语的分析：副状（名+形）"冰冷、火急"，并列"耳目、笔墨"，等等。

黎锦熙与夏丏尊的分析实际上是受结构主义影响对比喻词语作出的构词分析。

（2）从辞格角度进行研究的首推陈望道。陈望道所著《修辞学发凡》（1932）在汉语修辞学史上是一部划时代的著作。就词汇产生而言，陈望道"词语上的辞格"一章中总结出的种种修辞方式对新词的创造规律也具有重要的指导意义。

就比喻词语而言，书中分别提到了隐喻词语和借喻词语："玫瑰开不

完,荷叶长成了伞;/秧针这样尖,湖水这样绿,/天这样青,鸟声像露珠样圆。(闻一多《荒村》)";陈涉太息曰:"嗟乎,燕雀安知鸿鹄之志哉!"(《史记·陈涉世家》)

"秧针"是隐喻词语,"燕雀""鸿鹄"是借喻词语。

(3)较早从造词角度谈比喻词语的学者是郭绍虞。1947年,在《譬喻与修辞》一文里,郭绍虞明确提到比喻造词:"喻义简练到副词化或形容词化,事实上即创造了新词。如《汉书·成帝纪》云,'帝王之道日以陵夷',谓如陵之夷,而陵夷即成一新词。又《蒯通传》云,'常山王奉头鼠窜以归汉王',师古注'言其窘迫逃亡如鼠之逃窜',而鼠窜变成为新词……至于形容词化的喻义,则更适宜于创造新词。刘师培《正名隅论》云:'凡物之大者或谓之王,如蛇曰王蛇,鸟曰王雎是;或谓之蜀,如葵曰蜀葵,鸡曰蜀鸡是;或谓之虎,如曰虎杖,葛曰虎葛是。凡物之小者或曰童、婢,如梁曰童梁,牛曰童牛,鱼曰鱼婢是;或曰荆、楚,如葵曰荆葵、楚葵,桃曰荆桃是;或曰羊、鹿,如鹿藿、鹿梨、羊枣、羊桃是。此皆古人比事属词之法,非有异义于其间。'可知昔人定名早已用此方法。东府《读曲歌》'花钗芙蓉髻,双鬓如浮云'本是很明显的譬喻,其后诗人缩之为云鬓。"

文章不仅有意识地从辞格角度(主要是比喻)研究新词的产生,而且提出了检验比喻词语的标准:"喻义简练到副词化或形容词化,事实上即创造了新词。"

二、新中国成立到1990年

这一时期的研究思路,基本上承袭早期思想,不同的是,更为系统,分析得也更为深入细致,可以说是结构主义在比喻词语研究上的辉煌时刻。

(一)造词角度

1956年,标志词汇学作为一个独立学科的奠基之作——孙常叙著《汉语词汇》一书出版。这本书第一次系统地论述了造词法,而且构造出整个造词系统的框架。所列造词法明显受语法研究影响很深,结构造词占了相当大的比重,而本应作为重心的语义造词所谈不多,其中,涉及比喻词语的只有处于语义造词下位的比拟造词。它又分单纯比拟和条件比拟。就修辞而言,比拟的名称不是很恰当,书中之义应理解为"比喻"。从例证来看,也主要是指通过比喻辞格构造的词。在孙常叙书中,着重论述了通过比喻手段造出的词,包括两种情况:通过比喻直接构造成词,如条件比拟式中的水银、石绵、壁虎等,单纯比拟式中的红娘子、拴马桩狗腿子等;通过比喻来说明新事物,有时另造新词形分担词义,如釉(早先叫油,因为出窑后,涂料像油一样)、蚀(早先叫食,古时人们认为日食月食现象是动物吞吃的结果);有时直接用原词形,如"甲"(硬壳之意,喻战士披挂的铁衣)、盔(钵盂之类容器,喻古时战士的金属帽子)。

从书中举例可以看出,比拟造词法混淆了新词生成和词义衍生。釉、蚀固然是词义分化造出新词,甲、盔通过比喻造出的则是比喻义,而且原义并未消失或者处于次要地位,所以应是造新义。总的说起来,孙常叙对比喻词语的贡献并不在于对其具体的研究与分类,而是将它作为一个造词方法提出来。

1981年,任学良著《汉语造词法》一书出版。书里构拟了汉语造词法体系,第一次明确提出了"修辞学造词法",并将比喻词语作为重点之一加以阐述。就修辞造词而言,这本书的贡献是极大的:首创的修辞学造词法将修辞与词汇联系起来,这实际上从语义角度来论述词汇生成,意识到意义的重要是本书的进步之处;从辞格入手来研究,共列出八种辞格:比喻式、借代式、夸张式、敬称式、谦称式、婉言式、对比式、仿词式,大部分被后来的修辞造词研究者沿用;区分了临时用词现象和修辞造词,如P217:"一般的比喻是临时用词,不是造词。……比喻造词的造法有两种:一是完全新造。二是采用移花接木的办法,利用旧词创造新词。移花接木以后的比喻词要脱离其母体到新的枝体上,表示新的意义,把'本义'丢在一边。"这就确立了新造词的两种标准:完全新造;脱离本义的修辞义变造词。

然而,本书缺点也很多:①自相矛盾之处:任学良认为用修辞方法造出的词不能进行结构分析,然而按照修辞学造词法造出的如"首脑""吹牛""眉目"作者却列入了句法学造词法中,而句法学造词法造出的词是可以进行结构分析的。②比喻式中,只列出了借喻式一种,没有谈到明喻式、暗喻式。③所举例证多为复音词,极少单音词例子。比喻词语古已有之,而单音词是说明古代汉语比喻词语的极好材料。④认为修辞造词(包括比喻词语)不能做语法分析;等等。

后来者对任学良著作的批判问题之一就在于修辞造词能否进行结构分析。张寿康(1981)当年就表示异议:"简称是造词手段,语音、修辞也是造词手段。手段是手段,结构是结构,两者不能混淆,不管什么手段造出来的词都有结构。"

(二)构词角度

20世纪80年代,关于比喻词语构词问题,有三种不同见解:

一种是以比喻的方式来划分造词的种类,将比喻造词分为五类:明喻凝缩而成;暗喻凝缩而成;借喻产生;明喻和借喻联合产生;古代产生的状中关系,喻体在前。完全不用句法结构进行分析(贺水彬,1982)。此类前文已提过。

一种特别重视分析比喻词的结构:名素+名素:①喻体在前。②喻体在后;名素+形素;形素+名素;名素+动素;动素+动素(郭熙,1985)。

一种将两者结合起来,更重视修辞手段对比喻词语的决定作用,但也不否认句法构词的作用,从而对比喻结构进行分类:(1)全喻型:①喻体是表并列关系的两个语素构成的;②喻体是由表修饰与被修饰关系的两个或几个语素构成的;③喻体是表支配与被支配关系的几个语素构成的;④喻体是由表陈述与被陈述关系的两个语素构成的。(2)正喻型……(3)偏喻型……(孙云、王桂华,1986)。这种分类既体现了重视任学良强调修辞手段在修辞构词中的核心作用,又希望纠正其轻视修辞构词的句法关系之偏。

正如潘文国所言:对于比喻词语的分析,特别重视分析词的结构,显然不合适。所以郭熙之后难有继者。而做纯辞格的研究,则稍觉片面。将两者结合起来,"既体现了重视任学良强调修辞手段在修辞构词中的核

心作用，又希望纠正任氏轻视修辞构词的句法关系之偏。"（潘文国，1993）

可见，随着时间的推移，人们对修辞造词的构词分析日益客观。比喻词语中的前喻式和后喻式的确可以做构词分析，但是借喻式一般不能做构词分析，应该区别对待。

三、1990年至2010年

（一）理论上：认知理论应用

这一时期，结构主义的影响日渐式微，认知理论方兴未艾。因为应用了认知理论，比喻词语的研究有了突破性进展。以往人们对比喻的理解偏向于增强表现力的修饰功能，比喻词语归属是辞格。现在人们认识到，比喻是人们认识世界的一种普遍认知手段，比喻词语归根结底与思维密切相关。在这种理论指导下，比喻词语的范围变得更大更宽，比喻词语则迫切需要重新认识。以空间为基础进行研究的基本隐喻概念系统，以多义词为范畴的意义衍生变化，都在认知理论影响下取得了新成果。

值得一提的是有两部著作运用新的方法和理论对辞格和词汇加以研究。

一部是刘大为的《比喻、近喻与自喻——辞格的认知性研究》（2001）。书中运用语义特征理论，认为词义具有必有特征、可能特征和不可能特征，不可能特征的凸现形成了认知性辞格。这是辞格与词汇研究中新方法的运用。

另一部是李国南的《辞格与词汇》（2001）。本书从语义学角度出发，研究"辞格"与"词汇"的关系，认为相似联想产生比喻、拟人和通感，对比联想产生了对偶、对照和对顶（或叫反映、反缀）、反语，由邻接联想产生了借代、移就，同时探讨了某些常见修辞格在造词、构词以及词义转移过程中的语义功能。

胡壮麟的《认知隐喻学》、赵艳芳的《认知语言学概论》都就认知隐喻理论做了阐述。这些理论成为比喻词语进一步深入研究的基础。束定芳的《隐喻学研究》也从新的理论角度入手，但是比喻词语的分析没有太多的新意。

一些论文深入挖掘了比喻词语，如刘大为《比喻词汇化的四个阶段》、吴礼权《比喻造词与中国人的思维特点》，对比喻词语的形式和意义内涵研究日趋深入。

总之，这一时期修辞造词的研究突破了传统修辞学的框范，在新的理论指导下做出许多有益的尝试。

（二）角度：多样化

20世纪80年代末期到90年代初，随着词汇学研究的进展，人们对比喻词语的研究也日益深入，研究角度也越来越宽。其中涉及比喻词语类型、多义词、词语释义、词语文化等多个方面。

1. 比喻词语的类型

通常按陈望道《修辞学发凡》中的分类将比喻词语分为明喻式、隐喻式、借喻式。其中，侯友兰的观点在一定程度上纠正了部分偏见，确立了比喻词语的小类：冰凉、龟缩等应该属于"喻体+相似点"；席卷、囊括等从造词上看应是语法造词。这些观点澄清了以往的认识。但是，"鸡冠花""雪花""火海"等词都属于明喻型比喻词语，这个观点似乎还要商榷。

认知语言学理论引进以后，学界掀起一阵热潮。90年代发表了大量关于认知语言学方面的论文。其中包括应用这种理论划分比喻词语类型的问题。如王松亭的《浅谈隐喻在词汇体系发展和演变中的作用》（1996）指出隐喻是词汇体系丰富和演变的一种重要手段。这主要表现在以下几个方面：（1）隐喻词汇；（2）失隐喻性同义词；（3）失隐喻性同音异义词；（4）失隐喻性词汇；（5）隐喻性派生词；（6）隐喻性合成词。束定芳的《隐喻学研究》里面也有类似分类。

2. 造词法

1988年，沈孟璎发表《修辞方式的渗入与新词语的创造》。在论文中，沈孟璎指出："有一批新词语仅仅指出它们内部的构造方式，还无足以使人们理解它的意义……实际上，需要强调的是同修辞方式借代而产生的意义。"文章指出现阶段通过修辞方式的渗入创造的新词语,对汉语词汇的影响作用是多方面的,只有从修辞的角度考察修辞方式的渗入与新词语的创造之间的因果联系,才能正确理解这一类词的丰富内涵。

沈孟璎的论点再一次证明了比喻与词汇的密切关系,并由此掀起了人们对比喻词语的关注。后来者对于新词语的探讨,凡是涉及造词的都论及修辞手段造词法。

如季恒铨、亓艳萍发表在《语文建设》(1989)上的论文《比喻、借代与新词语新用法》,进一步探讨了由比喻、借代形成的新词语的时代特色、词义的模糊性和这类词语的"寿命"问题。作者经过初步考察后认为,由修辞格形成的新词语总体上说具有相当的临时性,一般来说只有少部分词语有可能转化为一般语词,它们的"寿命"是长是短,主要取决于人们使用这种说法的情况,即"约定俗成"的程度。郭伏良的《新中国成立以来汉语词汇发展变化研究》(2001)一文中指出新词的四种高频创造方法:说明法、简缩法、比喻法、仿拟法。其中有三种属于修辞造词。

3. 多义词

关于多义词,有两个问题需要回答:一个是比喻词与比喻义的区别;一个是引申义和比喻义的区别。

第一个问题,早期的学者是不分的,如孙常叙的著作中,新造词和扩展词放在一起阐述。任学良的著作中,已经注意到二者的不同。

周荐的《比喻词语和词语的比喻义》(1993)一文中明确区别了比喻词语和比喻义,认为"比喻词语和词语的比喻义是不同质的现象,前者属词汇问题,后者属语义问题;两者一般也不存在相互转化的可能"。后来,韩敬体(2000)的论述更为全面详细:"词语的比喻义,一般说是词语通过比喻用法产生的稳定语义,比喻义一般是借助词语的字面义或本义所指的某种形象特征经常地去指称与这种形象特征有类似点的另一种事物而形成的含义,是人们约定俗成地将比喻义固定在用于比喻的词语上。比如,'火坑'比喻极端悲惨的生活环境,'魔爪'比喻凶恶的势力,'末班车'比喻最后一次机会,等等。比喻义是词语具有的稳定的语义,一般不随着具体语境的改变而随意改变。这与修辞上的比喻赋予某个词语的比喻含义不同，有人叫它为词语的语言义。"

第二个问题，引申义和比喻义的区别，目前看来仍存在着分歧。

一个经常出现的观点是：比喻义属于引申义中的一种（《中国大百科全书·语言文字卷》）。另外一个常见观点是：比喻义和引申义没有从属关系，它们地位平等（如黄伯荣、廖序东的《现代汉语》）。各种著作对这个问题的叙述也常常各执己见。

洪成玉（1985）认为引申义包括：（1）类比。即用表示具体事物的意义去类比抽象事物的意义。（2）演化。指词由本义逐渐演化出的意义。①从表示工具或处所的词义演化出使用这种工具或处所者的词义。②从表示行为的词义演化出与这种行为有关的词义。③从表示原料的词义演化出表示成品的词义。（3）喻代。是用表示某一事物特征的词比喻或指代表示事物全体或类似特征的词。

苏宝荣、宋永培（1987）谈道："提到词义的比喻性引申，集中体现了词义'由具体到抽象'的转化，是词义引申、演变的主要形式。"

周光庆（1989）提出词义派生的方式，概而言之，主要有比喻的方式、借代的方式和引申的方式。

洪成玉与苏宝荣、宋永培的共同点是都认为引申义包含范围宽，属于引申义涵盖比喻义；周光庆的观点则属于引申义与比喻义并列。比喻义与引申义到底是什么关系，没有取得一致。

要想弄清楚引申义与比喻义的关系，需要深入分析从本义到比喻义的引申过程。很多论文、专著只是简单描述了比喻义的生成，并没有深入揭示比喻义的转化机制。

邵正业（1989）从义素分析的角度把引申分为五类，对词义发展到什么程度才算新词做了回答：①扩大：中心义素不变，限定性义素减少。如好（女子貌佳）——佳。②缩小：中心义素不变，限定性义素增加。如臭（气味）——不良的气味。③易位：中心义素不变，限定性义素改变。狂（狗发疯）——人发疯。④转移：中心义素改变，限定性义素不变。唱（带头唱）——带头干。⑤整分：（从转移中分出）脚（膝以下）——足。作者认为"易位""转移"（包括整分）引申出的词义脱离原来的语义场，源词和派生词指称的客体在逻辑上全无关系，因此产生的是新的派生词。其中，易位、转移是比喻的产物，整分则是借代的产物。

用义素分析法分析词义，同时对词义的历时变化进行比较，从而得出引申义与比喻义的区别，不失为方法之一。

4. 对喻体部分的探讨

比喻词语的立足点主要是对新事物新现象特征性状的描写，在讲述事物的时候，用特征和性状帮助人来理解。已有专家学者对比喻词语喻体进行探讨。如徐通锵认为"汉语对现实的编码以名物为基础，动作的意义寄生于名物之中，而性状类的意义，除一些联绵字外，接近于无"（徐通锵，2001），而"雪白"等描摹性状的"名+形"式状态形容词中古才见（何乐士，2000）。

可见，在各词类当中，名词产生应该最早，这是基于人们对于事物交流的需要。而描写事物性状的形容词则出现较晚。应用喻体描述事物性质、特征是汉语特殊的编码机制决定的。

5. 比喻词语与文化

比喻词语的创造过程中渗透着浓厚的人文主义色彩，通过比喻创造的人名、地名、店名、术语等词语浸染着民族文化，如：盛爱萍的《从温州"比喻地名"看楠溪耕读文化的特点与分布》（2001）从分析喻体入手，喻体的种类反映了温州地区丰富多彩的耕读文化和文化教育情况。林贵夫的《传统穴位名称与新穴名称的造词对比》（1992）指出"传统穴位名称以比喻和借代为主要造词方式"，而且，传统穴位名称用的都是书面语，其中有很多文言成分和古代事物名称，反映了传统哲学文化思想，反映了我国古代医学与古代哲学成功结合的历史渊源。

与之相比，郭焰坤的《从比喻的演变看文化对语言的影响》（1998）似乎更有价值。他指出："从思维物质角度考察，比喻演变中最大的特点是逐渐产生了一种抽象化的比喻。在早期语言中，仅存有具象性的比喻。大约从宋代开始，萌芽了一种以虚喻实的比喻方式。……以虚喻实的比喻方式的产生，反映了思维的抽象化和人们对抽象世界的准确把握，人们发现了有形世界之后隐藏着无形世界。"

6. 比喻词语与词典学

释义是比喻词语与词典学的一个焦点。应雨田的《比喻词语的类型及释义》（1993）以《现代汉语词典》中1700条比喻词语为研究对象进行释义分析和总结释义规律。

毛永波的《隐喻扩展与义项建立》（1999）对1965、1983、1996版的《现代汉语词典》及《现代汉语规范字典》的隐喻词进行比较，带◇（表比喻义）的数量增加明显大于删除，这说明伴随着隐喻扩展，词典中也相应地建立义项。规范性的辞书应该重视隐喻用法。

苏新春、韩敬体等针对《现代汉语词典》中的比喻词语，运用定量手段，对比喻语释义类型做了分析，结论翔实可靠。

7. 其他探讨

关于比喻词语的探讨比较多样、全面，同一时段还进行探讨的角度有比喻词语表达效果，比如黄华新、徐慈华的《隐喻表达与经济性原则》（2006）指出："隐喻式命名虽然花费了命名者更多的精力，但由于其形象、生动、易记的特点而减少了使用者的投入，从而实现了命名活动的经济性；隐喻式陈述借助预设、衍推等表达形式，可以使特定话语的信息量激增。隐喻式命名和隐喻式陈述均体现了思维和表达的经济性原则。"

四、2010年至今

曾芳、蒋遐《论词内比喻与句内比喻》词内比喻与句内比喻既有联系又有区别。

卢卫中、李一的《英汉语隐喻构词理据对比研究》（2020）研究表明：（1）隐喻是英汉语构词以及词义形成和拓展的一种重要的理据和认知机制，其中人体、人造物和自然现象等人类熟悉的事物是两种语言构词及隐喻词义形成和拓展的主要源域。（2）英汉语隐喻构词之间存在差异性的主要原因在于以下三个方面：首先，因不同的思维和表达的需要，英汉语母语者将同一事物所具有的不同属性映射到对不同事物的理解上面，这反映出人类在隐喻思维和表达上所具有的灵活性和创造性；其次，生活在不同地域和社会文化环境中的人们对不同事物及其属性具有不同程度的接触和理解，因此，英汉语母语者在表达相同概念时可能会选用不同源域和喻体，这既反映出人类在隐喻思维和表达上所具有的殊途同归之妙，也反映出思维和语言表达上的多样性；最后，英汉语母语者选用不同源域和喻体表达相同事物，甚至两种语言中存在各自特有的隐喻思维和表达方式，这彰显出语言的个性特征。

从以上论述可知，比喻词语在不同时期有不同的侧重点。截至目前，比喻词语研究的面已经逐渐铺开，角度多样。随着新理论新思想的注入，一些带有理论深度的新思考文章也日益面世。这些为日后的研究奠定了坚实的基础。

五、比喻词语研究的不足

词汇学作为一个学科建立的时间不长，其成熟度也远远不如其他语言学分支学科，如方言学、语法学、语音学、文字学等。比喻词语的研究目前还处于尝试的状态，存在着许多问题：

第一，分类标准不统一。有的学者从辞格的角度着眼，有的学者从结构的角度分析，没有从整体上加以把握，系统观念不强。

第二，视野不够开阔，始终停留在共时的平面，缺少历时的联系，忽视古今词汇的关系。武占坤、王勤说过："词汇中的许多问题，必须放在语言史的洪流中，才能从它的发展中观察得更仔细。许多规律性的东西也往往就生活在这里……"比喻词语的古今变化情况，与现代汉语的关系如何，这些问题都值得进一步探索。

第三，理论的广度与深度不足。20世纪80年代末，在认知隐喻理论的影响下，比喻词语出现了较多有深度思考的文章，但是依然没有摆脱现有词汇研究的束缚。

第四，缺少数量统计的支持。有关比喻词语的释义，出现了一些以统计法为基础的立论，但是大多数还是凭语感和举例论证。

其中的一些问题，在不断地得以补充和修正。有一些问题却少有人涉及。所以，今天仍然需要对比喻词语进行全面的、系统的总结。

第三节 研究意义

一、理论意义

（一）对词汇系统和词义系统的探索

比喻词语作为词汇的一个分类，具有系统性。这主要表现在：

1. 比喻词语实现的是跨域组合

在语义网络中，意义相关或相近的词语构成了一个一个语义场，它们有各自专属的领域。比喻词语在隐喻思维的作用下，将不同领域的关涉对象联系起来，两个本不相关的事物重新组合，不仅思维上获得了突破，而且这样构成的词语成了语义场和语义场之间联系的网点。

比如，"爱"可以和"恨""喜欢""讨厌"等组成表达情感的语义场，一般组成"爱情""爱人""爱心"等词语；"河"可以和"江""湖""溪""海"等组成表达水域的语义场，一般组成"小河""黑河""河流""河水"等词语。上面两个语义场本来没有什么关系，但是，在隐喻思维作用下，"爱"和"河"实现了跨域组合，两个语义场通过组合而有了交叉，有了联系。

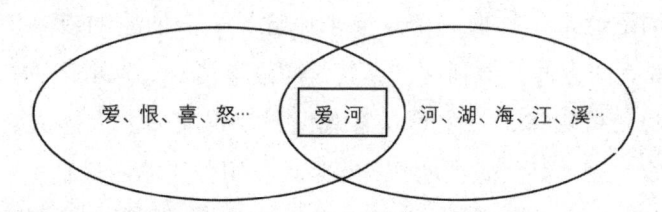

爱、恨、喜、怒… 　爱河　 河、湖、海、江、溪…

比喻词语在整个语义网络中像一个个枢纽，连接起本无联系的语义场，使整个语义网络纵横交织。

2. 比喻词语的滋生同样体现了系统性

近来的研究不断向纵深发展，深入到分析多义词各义项所构成的语义链（形成了微系统）内部语义间的有机联系，许多认知语言学家运用认知模型、框架理论来分析多义词的意义结构,以揭示人类的认知结构,如对各语言中多义介词的分析便是这种研究的一个典型案例。

多义词各义项间的跨语义场变化与人类的进步密切相关,与人们的联想能力不断拓宽有关;语义扩展与维特根斯坦(1953)所说的"家族相似性"和隐喻能力有关,因为人们就是根据事物间的关联、特征具有相似的联系进行概括,建立范畴,通过隐喻方式,不断获得新语义的。

比如:"母"本义是"母亲",她能够生育儿女,繁衍后代。后来,以"母"为喻,创造出以下词语:

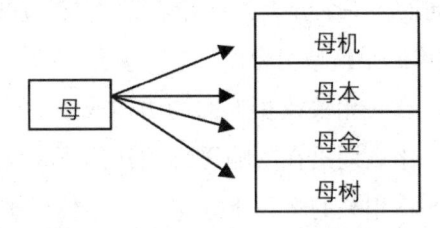

```
        ┌─→ 母机
        │
    母 ─┼─→ 母本
        │
        ├─→ 母金
        │
        └─→ 母树
```

由母亲的"母"产生联想而滋生出了同素词:母机、母本、母金、母树,其他还有母线、母校、母液、母音、母语、母质、母钟。这个类聚自身构成了一个小系统。

再比如:由"海"构成的同素词:云海、人海、业海、孽海、宦海、火海、林海、墨海、脑海。这个类聚也是由"海"经过比喻构成的词语聚合,是一个同素词族,一个小系统。

3. 比喻词语取象的系统性

比喻词语通常是拈取一个意象来比喻另一个抽象的或具体的概念。意象的来源有两方面,概括起来,就是"近取诸身,远取诸物"。一个是从人体自身获得喻体,一个是从客观世界获得喻体。人体头、脑、鼻、眉、眼、耳、颈、臂、腿、足、身等是人类用作比喻的最直接、最简单的意象。而人体是自成系统的,以之为喻的比喻词语因此同样具有系统性。喻体的另一个来源是客观世界。这个取象也是有规律可循的,一般说来,与日常生活密切相关的生活百科事物更容易作为意象而被采纳。这类事物围绕着我们的生活,同样具有系统性。这类词语由于取象于人体自身的基本概念,所以通常具有较强的生命力。如"山头、山脚、山腰、椅背、桌身、桌腿"等。而另外一些词，则随着时代的前进，不断采用新的喻体创造词语，以满足社会不断变迁的需要。

比喻词语的研究对于语义网络的联系研究，对于词语系统的探索，都十分有益。

（二）对构词法的探讨

比喻词语是通过思维的跳跃与联想而生成，部分比喻词语是喻体和其他成分，如本体、相似点的组合，这时，可以做词法分析，如宝石、笋鸡、鬼话、冰凉、笔直、壁立、八斗才、扁桃体、扁担星等。

有些时候，则难以直接进行词法分析。如：木耳。从结构上看，它既不同于并列式复合词，也有别于偏正式复合词，两个语素捏合到一起表达一种事物现象。到底应归入哪一类呢？有学者拟称之为"意合式复合词"[1]。这多少反映了面对该类词语时的尴尬和无奈。

比喻词语中更为普遍的是学界对于后喻式的讨论，如爱河、碑林、笔帽、鳖裙、洪峰、馋猫、宦海、烟卷儿等。这一类词语是属于偏正式还是正偏式，长期以来争论不休。

后喻式词语与全喻式词语数量最多[2]，也更集中更深刻地体现了比喻对词语的影响，具有更大的研究价值。所以，比喻词语内部规律的探讨，仍然任重而道远。

（三）探索词语衍生规律

据李如龙先生：从古到今，汉语词汇衍生的方式大体上都可以归入下列四个大类："一、音义相生。二、语素合成。三、语法类推。四、修辞转化。"（2000）修辞转化包括通过比喻滋生的词语。

比喻词语能够超越单纯依靠以逻辑规则为基础的语言的范围，具有扩大人们认识一些尚无名称的或尚不知晓的事物的能力。这种造词方式使词

---

[1] 周荐. 几种特殊结构类型的复合词[J]. 世界汉语教学，1992，2.
[2] 相关数据会在以后具体列出。
注：我们注意到这样一个事实：当学者们批评句法构词不适用于汉语时，所举词语多为修辞所造出的词。（如黎良军《词汇语义学论稿》P145中指出：把词素序和词序相提并论，只会造成混乱。如"雪白"是名加形，句法上归主谓式，而句法构词论却归入偏正，句法中是不曾有名词修饰形容词的）。

汇异彩纷呈，表达力变得更强。

词语多义微系统的研究也表明：多种意义之间的相互关系不是任意的，而是通过特定的语义延伸机制（如隐喻、换喻等方式）形成的，是人类认知世界的一种重要方式。

比喻是滋生词语的重要方式。但是，对于比喻词语衍生规律的探讨却不是太多。这是因为比喻词语的产生以相似联想为动力，这种思维呈发散状态，它为人们寻找其规律造成了困难。所以，比喻促使词语衍生的规律仍然是我们研究的重要目标之一。

二、实践意义

（一）教学

现举两例：

（1）伍铁平讲过这样一个"确有其事的故事"：

有一个学生长期分不清经线和纬线，哪个是连接南北的纵线，哪个是连接东西的横线，常将二者弄混。后来教师给他讲训诂学知识，告诉他"经"和"茎""颈"是同源词，都是从直立得义。植物的茎虽然有缠绕茎、攀缘茎、匍匐茎等多种，但大多数植物的茎都是直立茎，如松柏、甘蔗等的茎。人的头颈除歪脖子以外，都是直的。偏旁"至"的意义本是"水脉"，也是从址得义。"径直""直径""胫"都同直义有关。经过这样一系连，"经线"自然是指纵线，学生一下子就记住了，再也不会同纬线混淆了。①

（2）一位学生在作文中写到他被老师训斥后的情形是"鹄立低头，深感惭愧"。事实上，"鹄立"除直立外，还含有翘首企盼的意思，用在此处，是不妥当的。

第一例，是同源词，比喻是它们衍生的纽带。只有解释清楚这些词的造词理据，才容易理解、记忆。第二例，从比喻词语的滥用，说明教学中，比

---

① 转引自：任继昉. 汉语语源学[M]. 重庆：重庆出版社，2005：17.

喻词语造词理据和词语色彩的解析都极为重要。懵懂的结果就是错用。

比喻词语的研究对于文学语言的理解也很有用处。"文似看山不喜平",优美的文章不仅在内容上独具一格,作家在作品中语言的运用同样使人回味无穷。很多比喻词语就来自于名家之手。作家对词语的超常搭配,是比喻词语产生的一个来源。理解比喻词语,理解超常搭配,是体会文学作品思想精髓的重要方面。

(二)词典编纂

比喻词语是在一个民族共同的文化心理基础之上形成的,不少词语成为已知的默认的含义。对本民族学习者来说,很多都毫不困难,有的甚至不用多做解释。但是,对于外语学习者来说,却很难一下子就理解并掌握。所以比喻词语的释义方式对汉语教学有重要意义。

比如"鹄立"一词,学生之所以错用,就是因为词典中仅仅解释成:

【鹄立】<书>直立。

缺乏附加意义的说明或给出语境,因此导致运用时发生了错误。

比喻词语的释义还需要加强系统性。比如:

【酱】④像酱的糊状食品。

以酱为喻造出的词:果酱、果子酱、花生酱、芝麻酱。

【果酱】用水果加糖、果胶制成的糊状食品。也叫果子酱。

【果子酱】果酱。

【花生酱】把花生米炒熟、磨碎制成的糊状食品。

【芝麻酱】把芝麻炒熟、磨碎而制成的酱,有香味,用作调料。也叫麻酱。

"芝麻酱"中表示类的名词"酱"不准确,应该改成"糊状食品"。这是由于缺乏比喻词语系统的观念造成的释义不准确。

比喻词语的释义工作还有许多不足之处,后面还将提到。释义的不足也要求研究的进一步深入。

(三)信息处理

概括地说,比喻词语在中文信息处理上的困难主要有两方面:

一是比喻扩展词语意义的确定与理解。如"顶峰"有两个意义:

（1）山的最高处。

（2）事物的最高点。面对多义词，电脑如何在处理篇章时选择出正确搭配的义项？

一是比喻新造词语意义的确定与理解。用新词语来说明可能更方便一些。如人潮、俏销、大气候、小气候、草根工业、尾巴工程、知识爆炸等。这些词语出现在文章中时，电脑怎样才能正确分词而不割裂其意义？

两方面都与汉语自动分词有关。目前的分词算法多种多样，基本上可分为两大类：机械性分词和理解性分词法。后者可谓理想的方法，但在语法分析、语义分析乃至篇章理解还没有得到解决之前，其分词实用系统主要采用机械分词法，但实际上纯机械性分词也无人在用，一般都使用介于二者之间的某种分词法。分词法的待定，说明比喻词语是一片尚未开垦好的科学园地。[①]

三、文化学意义

罗常培在《语言与文化》一书的开头部分写道："美国已故的语言学教授萨皮尔说：'语言的背后是有东西的，而且语言不能离开文化而存在。所谓文化就是社会遗传下来的习惯和信仰的总合，由它可以决定我们的生活组织。'柏默也说：'语言的历史和文化的历史是相辅而行的，它们可以互相协助和启发。'……从这些话看来，我们可以知道语言和文化关系的密切……"

为什么命名时经常使用喻指的方法？为什么人们在联想的时候，容易想起某一类而不是其他类的事物？为什么这一类的事物在这一个民族作为造词材料被经常采用？这些问题都与词语背后的文化密切相连。比喻词语具有民族个性，透过比喻词语可以窥见民族文化的面貌。

再说思维。

法国著名的生理学家贝尔纳曾说："语言是洞察人类心智的最好的窗

---

① 云贵彬. 语言学名家讲座[M]. 北京：中国传媒大学出版社，2006.

口。"乔姆斯基曾写了《语言和心理》一书,指出:研究语言的长远意义在于这样一个事实:在这种研究中有可能对心理学的某些中心问题提供一个清晰、明确的表述,并对这些问题提供大量证明。……语言研究有助于理解心理过程的性质和结构。

传统隐喻理论一般只把比喻看作修饰问题,是语义的改变和词语的换置;而从根本上说,比喻是观念之间的借贷和交流,是语境之间的交替,是两种思维的碰撞。研究比喻词语,可以间接探索到人类的思维规律。在这一点上说,意义无疑是重大的。

以地名为例。并不是所有的地域都有名称,已获名称的地方,其造词方式都有一部分来自比喻。这些地名大都表现了人们对家乡的热爱,如珠海、玉树、龙溪、龙海、凤山等。①

下面我们看广西桂林市周边山峰的命名情况。②

山峰名称	是否比喻法命名	山峰名称	是否比喻法命名	山峰名称	是否比喻法命名
雷劈山	+	骝马峰	+	黑山	
磨盘山	+	独秀峰		塔山	+
马鞍山	+	伏波山	+	螺蛳山	+
凤凰山	+	屏风山	+	穿山	
芙蓉山	+	西峰		大头山	+
观音阁（山）	+	观音山	+	斗鸡山	+
猫儿山	+	白岩山		龙头山	+
鸡公山	+	羊角山	+	铜鼓山	+
庙山	+	牯牛山	+	馒头山	+
狮子山	+	天玑峰	+	牛王山	+
牛角山	+	辅星山	+	风筝山	+

---

① 李如龙. 汉语地名学论稿[M]. 上海:上海教育出版社,1998.
② 吴礼权. 由汉语词汇的实证统计分析看林语堂从中西文化对比的角度对中国人思维特点所作的论断[A].东吴大学.跨越与前进——从林语堂研究看文化的相容与相涵国际学术研讨会论文集[C]. 台北:东吴大学,2006:49–61.

山峰名称	是否比喻法命名	山峰名称	是否比喻法命名	山峰名称	是否比喻法命名
娱蚣山	+	天枢峰	+	牛角山（南面另一个）	+
仙鹤峰	+	吊笋山	+	野狗山	+
观音峰	+	象鼻山	+	罗汉山	+

上表结果表明：利用比喻法命名的地名占据了绝大多数。

正如吴礼权所言："地名，尤其是远离大陆的荒僻岛礁和远离都市的山峰的名称，由于不受人们注意，也很少受文人'雅化'或抽象化更易的影响，因此它更多地保留了汉民族人民早期'民间'本色的思维特点，可以说是汉民族人思维特点的'活化石'。广西桂林市周边山峰的名称所显示出的比喻法命名比例之高的事实，我们完全可以进一步肯定地说：崇尚形象思维是汉民族人典型的思维特点。"①

第四节 研究对象

本书的研究对象是以比喻机制造出的词语和词语义，包括惯用语、成语等熟语。分析重点则在双音节比喻词语。

之所以不干脆把题目命名成"双音节比喻词语研究"，是因为不同类型词与短语之间的界限本身并不总是很清楚。合成词是由两个或两个以上语素构成的词，包括复合词和派生词两种类型。复合词的特性在于其构成成分都是不定位语素，派生词则包含定位语素（词缀）。比喻词对构成成分的语义均有要求，所以绝大多数为复合词而非派生词。派生词比较容易确定其单词身份，复合词的判定则不那么容易。若从发生学角度来看，更容易模糊二者界限，从而造成定性时的困难。另一方面，熟语往往通过具体的、身边常有的事物和形象描绘抽象的意义，这种思维过程与比喻的本

---

① 吴礼权. 由汉语词汇的实证统计分析看林语堂从中西文化对比的角度对中国人思维特点所作的论断[A].东吴大学.跨越与前进——从林语堂研究看文化的相容与相涵国际学术研讨会论文集[C]. 台北：东吴大学，2006:49-61.

质不谋而合。但熟语包含的内容丰富，不同的内容有相应的格式要求，如语音、语义等，这为寻找比喻词语的规律增加了难度。相比之下，双音节比喻词语音节上整齐划一，更利于操作。所以，比喻词语的内涵宽广，但我们选择最具代表性的双音节形式作为研究的对象。

什么样的词语算比喻词语？福勒指出，严格说来，词一旦脱离它原来所属的范畴，而用于新的语境，隐喻便出现了。在这一意义上，几乎所有的词不表示一种具体的意义时，就可以表现出隐喻性，因为它们的原义都可以追溯到某种具体的意义。（Fowler, 1993: 209—210）[①]按照这样的说法，那么几乎所有的多义词语和大量的新造词语都可归入比喻词语研究范畴。这个数字是十分庞大的，具体操作也有很大的困难。所以，今天我们只把能够从现有的构词和意义上看出来比喻痕迹的整理归纳出来，作为研究的对象。

还要解释一个关于名称的问题。隐喻在认知语言学的研究洪流中重获青睐。它已经超越修辞的范畴，成为人类思维的重要方式。目前，学界采用"隐喻"这一术语的人较多，它成为研究的热点。为什么本书题目不直接叫作"隐喻词语"呢？这是因为，隐喻，并非汉语辞格"隐喻"，而指英语辞格"Metaphor"，它涵盖除"明喻"以外的所有汉语比喻方式。（李国南，1999: 198—208）这说明，隐喻的范畴虽然得以拓宽，但却不容纳明喻这一概念，仅指以隐喻为机制创造的词语，如"雪花""纸鸢""佛手""龙眼"等。但是，汉语中仍有大量以明喻为机制创造的比喻词语，如齿轮、冰糖、槽牙、钉螺、鸟瞰、牛劲等，它们在比喻词语中占有相当的分量。明喻创造的词语无论是从其结构还是其效果来看，都与隐喻词语有着极大的不同。因此，不能对比喻词语全部以"隐喻"称之。

[①] 转引自：李国南. 辞格与词汇[M]. 上海：上海外语教育出版社，2001: 42.

第五节　研究的目标及方法

一、研究的材料

本书的研究对象是以比喻作为机制造出的词语和意义，以双音节比喻词语为主。比喻词语的语料取自《现代汉语词典》《古代汉语词典》《近代汉语词典》《唐五代语言词典》《宋语言词典》《元语言词典》等。

由于前文所述原因，我们只把能够从现有的构词和意义上看出来比喻痕迹的整理归纳出来，作为研究的对象。

作为检验和参照的材料有：

北京大学汉语语言学研究中心古代汉语语料：共有54个文件夹，486个文件，202305825字节（193 MB），约1.01亿字。

北京大学汉语语言学研究中心现代汉语语料：共有157个文件，23个文件夹，229700435字节（219MB），约1.15亿字。

厦门大学购买的尹小林整理的《国学宝典》以及《汉籍全文检索系统》。

其他词典。

二、研究目标

本书的研究目标是要达到对比喻词语的全貌有个较为深入的认识。包括词语结构、意义、组合关系、认知手段，以及词语的学习与理解。本书试图回答以下问题：

（1）比喻新造词语与比喻扩展词语的概念及范围。

（2）比喻新造词的词性、分类、类序和构词规律，以及现代汉语比喻新造词的面貌。

（3）比喻扩展词的确定、转化过程、义项组合能力，以及本义朝比喻义发展的一般路径、比喻义在多义词系统中的地位。

（4）比喻造词的特点。

（5）比喻造词的认知机制以及理解和学习。

（6）比喻造词的释义类型。

（7）比喻造词的历史研究。

（8）比喻造词在方言中体现的文化个性。

这些问题的澄清将对认清全面词汇系统发展变化的性质与规律有重要的意义。

三、研究方法

（一）定性和定量的综合

以往的语言研究多采用定性的方法，因为结构主义的描写方法脱胎于人类语言学，而人类语言学使用的基本上是人类学和社会学的定性研究方法。客观地讲，定性的方法对语言研究所起的作用是积极的，尤其是对母语的研究，在一定程度上可以依赖我们对母语的直觉观察来进行思考，提出理论模型。

但是，由于研究者使用的是简单的思辨性的方法，随机性太大，而在对非母语进行描述性和实验性研究时，数据是至关重要的，所以，定性的方法必须通过定量的方法加以补充和完善。

和定性的方法不同，定量方法观察的是数字，所以在某种意义上说，"定量方法也就是数学化和计算机化，这是现代科技发展的一个重要趋势"[①]。定量方法非常注意两个或更多的变量之间的相互关系（如因果关系、相似性关系、差异性关系等），而要在纷繁复杂的语言现象中去控制和把握各种变量，只有采取实验的途径。随着研究手段的丰富，人们借助电脑数据库，对语料的处理日益现代化、科学化。这为我们进行定量研究提供了便利条件。

---

① 桂诗春，宁春岩. 语言学方法论[M]. 北京：外语教学与研究出版社，1997.

没有定量分析及一整套研究手段和环节，研究就失去了坚实的数据基础，研究者也不可能发现大量的在真实语言交际活动中使用的搭配序列；没有定性分析，研究结果可能缺乏系统性和理论抽象度。比喻词语往往从联想得来，这种联想是发散式的，而发散式的思维结果很难与逻辑思维的结果一样进行量化处理。所以，比喻词语还需要采用定性式的研究。我们将在词汇学理论、语义学理论等指导下，对从《现代汉语词典》中抽取出来的比喻词语进行分析和解释。

（二）比较的方法

乌申斯基曾说过："比较是认识和思维的基础。我们认知世界上的一切事物都是通过比较，而不是采用别的什么方法。"（1939）哈特曼结合语言说得更具体："比较是人类研究事物、认识事物的一种基本方法，也是语言学研究的一种基本方法。如果说语言学的根本任务是对语言的某种现象加以阐述的话，那么可以说语言学的所有分支都是某一种类型的比较，因为对某一语言现象的阐述总是要涉及和包含对这一现象中的各种表现的比较分析。"（Hartmann，1980：22）

比较把纵横两轴作为研究的中心，包括古今的比较、南北的比较，这是一条普遍的方法论，当然也适用比喻词语的研究。从目前比喻词语的研究来看，大都局限于一时一地，鲜有进行古今比较、南北比较者。也由此比喻词语很难更进一步，获得更深刻的认识。

比喻义与非比喻义的比较，比喻词语与非比喻词语的比较，喻体的古今南北比较，所指的不同领域的比较，都亟须有专门的探讨。

第六节　研究的理论基础

一、系统论

今天人们从各种角度对系统下的定义不下几十种，通常把系统定义为：由若干要素以一定结构形式联结构成的具有某种功能的有机整体。索绪尔说过:"语言既是一个系统,它的各项要素都有连带关系,而且其中每项要素的价值都只是因为有其他要素同时存在的结果。"①

词汇系统是聚合了全部词汇成分所形成的网络,任何一个词汇成分都会在这张无形的巨网的交点上找到自己的确切位置,并在纵横交错的种种聚合关系中,实现着每个词汇成分乃至整个词汇系统自身性质的界定,并以词汇成分的组合关系为支点,实现着每个词汇成分乃至整个词汇系统的"价值"。这样,现代汉语词汇便清楚地表现出网络化的系统性质。②

具体说,比喻词语产生、发展和消亡都受到系统的影响和制约。

比如,大量同源词的产生就来自于比喻。

王力的《同源字论》指出:"在同源字中,有许多字并不是同义词,但是它们的词义有种种关系,使我们看得出它们是同出一源的。分析起来,大致可以分为15种关系。……(11)比喻,委婉语。例如:趾,脚;址,地基,墙脚。枝,树枝;肢,四肢,肢体。解,解结;懈,松懈,不紧张。材,木材;才,人才。阻,阻塞;沮,阻止。张,张弓,张开;胀,膨胀,体积增大;涨,水涨。等等。(同源字委婉语略)"文章表明确实有因比喻的作用而生成的同源词,而且大多成系统。其他例子如:

茎,草木干;颈,头茎;胫,脚胫。

梗,草木刺人;鲠,鱼刺。

障,屏障;嶂,像屏障的山。

囱,烟囱;窗,天窗似烟囱。

螺,螺蛳;脶,指纹回旋似螺。

根,树根;跟,脚跟似树根。

绵,丝绵;棉,木棉似丝棉。

比喻词语的消失,有时是整个同素词的消失。

以"器"为例。"器"在古代汉语中无疑是一个成词语素,意义除了"器物"以外,另一个常见义项就是"人才"。这个语素义用得较为普遍,以此为语素构成了一系列的词语,如:

---

① 索绪尔. 普通语言学教程[M]. 高名凯,译.北京:商务印刷馆,1980.
② 徐国庆. 词汇系统论[M]. 北京:北京大学出版社,1999年.

【粹器】指纯正的人才。

【利器】①锐利的武器。②精良的工具。③比喻卓越的才能,人才。④比喻权柄、法制。

【伟器】大器,能任大事的人才。

【显器】卓荦特出的人才。

【佳器】比喻有出息、有才能的人。

【廊庙器】可以担当国家重任的才干。

【大器晚成】大器经久才能完成。后用以比喻大才晚有成就。

【藏器待时】比喻怀才以等待施展的时机。

现在,"器"的"人才"意义只保留在"大器晚成"这样的成语当中,作为古语词使用。可以说整个以"器"的"人才"义构成的词语成系统地消失,不再使用。

古代汉语	粹器、利器、伟器、显器、佳器、廊庙器、栋梁、来仪、廊庙材、南金东箭、千里足、梧槚、匣剑、逸足、岳秀、擢秀
现代汉语	人才、栋梁、千里马、桢干

资料来源:《古代汉语词典》《现代汉语词典》

正如洪堡特所说:"语言中没有零散的东西,它的每一个成分都只显示它是整体的一部分、它的每人成分只能借助别的成分而存在,所有成分只能借助那一种贯穿整体的力量而存在。"

二、认知观

语言与认知存在着密切的关系,这是语言学家、心理学家、哲学家、教育家所共同关注的问题。认知是心理学研究的重要领域之一,指人获得知识或学习的过程。美国心理学家休斯敦(Houston)归纳了认知心理学关于认知的五种定义:(1)认知是信息加工;(2)认知是心理上的符号运算;(3)认知是解决问题;(4)认知是思维;(5)认知是一组相关的活动,如知觉、记忆、判断、推理、解决问题、学习、想象、概念形成、语言使用等。①

认知语言学认为，语言不是直接表现或对应于现实世界，而是有一个中间的认知构建（Cognitive Construction）层次将语言表达（Expressions）和现实世界（Reality）联系起来。在这个认知中介层，人面对现实世界形成各种概念和概念结构。现实世界通过这个认知中介层"折射"到语言表达上，语言表达也就不可能完全对应于现实世界。

认知语言学的另一个主要兴趣，是揭示词素的不同意义之间通过隐喻拓展或转喻拓展所形成的关系网。这一兴趣源起于认知语言学的两个基本假设，其一是"某语言单位的意义就是与该语言单位有约定俗成的关系的概念结构"，其二是认知结构的构建在很大程度上取决于隐喻和转喻。

本书主要借鉴认知理论中的隐喻理论，突出隐喻在语言和认知之间起到重要的桥梁作用。隐喻的认识不仅仅是修辞学中与夸张、借代等并列的一种修辞手段，它还是我们认识世界和语言发生变化的重要方法之一，人类的思维就建构在隐喻之上。因为我们要认识和描写以前未知的事物，必须依赖我们已经知道和懂得的概念及其语言表达式，由此及彼，由表及里，有时还要发挥想象力。这个认知过程正是隐喻的核心，它把熟悉和不熟悉的事物做不寻常的并列，从而加深了我们对不熟悉事物的认识。比喻词语由此而产生。

没有人的认知，没有人对比喻的应用，很难拓展出超越逻辑的比喻词语；用认知理论才能够有效揭示比喻词语的词素意义之间的关系，以及一个词素的不同意义之间的关系。

---

① 赵艳芳. 认知语言学概论[M]. 上海：上海外语教育出版社，2000.

本 体 篇

　　比喻本身就是构造词语的一种方式，在词法学造词、句法学造词、修辞学造词、语音学造词、综合式造词各种类型中，属于第三种"修辞学造词"范畴。作为构造词语的方式之一，比喻新造词语涉及词语类型、词类特点、构词规律以及构造出来的比喻语素等相关内容。这些内容前贤多有涉及，但是缺少系统的总结和归纳，所得出的结论大多是定性式的。本篇将对《现代汉语词典》中比喻新造词语加以统计，并与古代汉语、近代汉语中的比喻词语进行纵向对比，试图描写比喻新造词语的基本面貌，归纳出部分构词规律。通过对学界目前存疑的"火海""雪花"一类词进行论证，笔者认为它们应该属于"偏正式"而非"正偏式"。另外，笔者还总结出喻指语素义的形成条件。

本篇还将讨论因比喻而生成的新的义项，我们命名为"比喻扩展词语"。借用比喻滋生新的词语意义，是多义词产生的重要手段之一。这在各国语言当中都是一样的。比如，希腊语：hippopotamus（河马），字面义是"河中马"（a river horse），hippos是"马"，potamos是"河"。同样leopard是"一只狮虎"，希腊文的leon是"狮子"，而ardos是"老虎"。英语：eye，眼睛，喻指眼光；cool，凉的，喻指不热情的，冷冰冰的；flaw，裂隙，喻指缺点，等等。作为丰富词义系统、同时又避免扩大词汇数量的滋生新义方式，我们力图对其做一全面的描写，并在此基础上区分本义和引申义、比喻义。对于比喻扩展词语的本体研究，笔者的切入点主要有两个，一是内部，一是外部。从内部着眼，探讨了语义构成成分对比喻义生成的影响；从外部着眼，探讨了比喻义的义项组合关系。笔者对本义与比喻义的地位及使用频率、本义朝比喻义发展的路径等问题也很感兴趣，同时试图在研究过程中对这些问题给予解决。

第一章 比喻新造词语

第一节 比喻新造词语判定

一、比喻新造词语的定义

比喻新造词语是指人们通过隐喻认知对现有的词或词素进行重新组合形成的新词新语。它能够生动地描述另一事物现象，并具有新的词语形式。这种通过隐喻而形成复合造词的手段在各种语言中都存在，是语言的一个共性。

汉语中很早就出现了这类词，如：

（1）只是外形相似的，比如：

【井田】古代的一种土地制度。以方九百亩为一里，划为九区，形如"井"字，故名。《谷梁传·宣公十五年》："古者三百步为里，名曰井田。"

（2）大多数的比喻词语是创造性思维的结果，也就是说在本体和喻体之间进行连接，对意义进行阐释，比如：

【石民】像柱石那样的人民，指能坚守本业，对国家有重要作用的人。《管子·小匡》："士农工商四民者，国之石民也。"尹知章注云："四者国之本，犹柱之石也，故曰石也。"

【瓦合】①勉强凑合。②临时拼凑起来的。出自《礼记》："儒有博学而不穷，笃行而不倦；幽居而不淫，上通而不困；礼之以和为贵，忠信之美，优游之法，慕贤而容众，毁方而瓦合。其宽裕有如此者。"

【虿官】指害国民的人或弊病。出自《商君书》："国强而不战，毒输於内，礼乐虱官生，必削；国遂战，毒输於敌国，无礼乐虱官，必强。举劳任功曰强，虱官生必削。农少商多，贵人贫、商贫、农贫，三官贫，必削。"。

【尸居】①像死尸一样安居。比喻安居而无为。②指徒居其位而不尽职。③形容人暮气沉沉无所作为或即将死去。出自《庄子》："故君子苟能无解其五藏，无擢其聪明；尸居而龙见，渊默而雷声，神动而天随，从容无为而万物炊累焉。"

【丸封】谓封闭严密。明张煌言《山头重建海塘碑记》："当我国家盛时，海波不扬，邑多贤长吏。而滨海丸封，又鲜戎马骚驿。"

【跃冶】①比喻自以为能，急于求用。②指乐于接受锻炼而成良器。《庄子·大宗师》："今之大冶铸金，金踊跃曰：'我且必为镆铘。'大冶必以为不祥之金。"成玄英疏："夫洪炉大冶，镕铸金铁，随器大小，悉皆为之。而炉中之金，忽然跳踯，殷勤致请，愿为良剑，匠者惊嗟，用为不善。"一般用来比喻自我炫耀。

（3）其他。如：

【孙竹】竹子根部蘖生的嫩枝。出自《周礼》。

【豕心】喻人贪婪。出自《左传》。

【芹曝】谦言所献、所赠之物微薄，不足道。出自《列子》。

【焦没】指物体入火烧焦，入水沉没。比喻毁绝。出自《荀子》。

【屈蠖】指屈身的尺蠖，比喻委屈不得志。出自《周易》。

【需云】比喻皇帝的恩泽。出自《周易》。

【宋株】比喻没有前途的职位。出自《韩非子》。

【前鱼】喻失宠被遗弃的人。出自《战国策》。

【涸鲋】干了水的车辙里的鲋鱼。后以涸鲋比喻身陷困境、急待救援的人。出自《庄子》。

【獭祭鱼】獭性贪，捕鱼时常将所捕之鱼陈列水边，如人之祭祀，称之獭祭鱼。比喻堆积成文，罗列的典故。出自《礼记》。

【滑泥扬波】喻随俗浮沉，同流合污。出自《楚辞》。

【亡羊补牢】喻失误后马上补救。出自《战国策》。

【运斤成风】喻手法熟练，技艺入神。出自《庄子》。

等等。

一般说来，比喻新造词语是为了反映新事物新现象新认识而出现的，所以通常具有新词形、新词义。但是，也有对旧义赋予新词形的，我们把这种情况也归入到新造词语当中。如"续貂""狗尾续貂""鬼胎""怀鬼胎"等。下面我们具体阐述比喻新造词语的确定范围。

二、比喻新造词语的判定

半喻式新造词比较容易判断是否新造，如雪白、石笋、鹅卵石、艾虎、安全岛、霸王鞭等，它们往往是比喻语素和普通语素的直接组合。不容易确定的通常是全喻式词语。这类词语我们采用以下五种方式加以判断：

1. 事实上不存在的事物或现象，这样的词语一般只是为了比喻说明而产生，因此是新造词

【鬼胎】比喻不可告人的念头：心怀~。

【勾魂】(~儿)招引灵魂离开肉体（迷信）。比喻事物吸引人，使心神不定：看他那坐立不安的样子，像是被勾了魂似的。

【蠡测】〈书〉"以蠡测海"的略语，比喻以浅见揣度：管窥~。

【喷粪】比喻说脏话或说没有根据、没有道理的话（骂人的话）：满嘴~。

2. 原为句法成分，后来凝固成词

Givón（1971）曾提出：今天的词法曾是昨天的句法。王力（1957）也明确指出仂语的凝固化是复音词产生的主要方式。汉语词汇的这种发展情况曾被多次证明。如：

【蚕食】蚕吃桑叶。比喻逐步侵占：~政策｜~邻国。

【龟缩】比喻像乌龟的头缩在甲壳内，躲藏在里面不出来：敌军~在碉堡里。

【肠断】〈书〉形容极度悲痛。

这些词语大多从古汉语承袭而来，现在作为语素的成分在古汉语中做句法成分。下面这类词也属于从句法成分凝固成词的例子，不过它们来自现代汉语，结构方式与前者并不相同：

【编贝】排列编串的贝壳，因洁白整齐，借喻牙齿之美。

【泡汤】〈方〉落空：这笔买卖~了。

3. 化用古代典故、诗文而成的词

【乔迁】《诗经·小雅·伐木》："出自幽谷，迁于乔木。"比喻人搬到好的地方去住或官职高升（多用于祝贺）：~之喜。

【破天荒】唐朝时荆州每年送举人去考进士都考不中，当时称天荒（天荒：从未开垦过的土地。）后来刘蜕考中了，称为破天荒。（见于孙光宪《北梦琐言》卷四）。比喻事情第一次出现。

【方枘圆凿】（"凿"也有读zuò）《楚辞·九辩》："圆凿而方枘兮，吾固知其鉏铻而难入。"意思是说，方榫头和圆卯眼，两下合不起来。形容格格不入。也说圆凿方枘。

【食言而肥】形容为了自己占便宜而说话不算数，不守信用（《左传》·哀公二十五年："是食言多矣，能无肥乎！"）。

这些词是对古代典故剪裁、融合后而形成的，意义不新而词形新，所以也归入新造词中。这一类在成语中体现得较为明显。

4. 对古代成语的简缩而成的词

【管窥】从管子里看东西，比喻所见片面：~所及。

【续貂】比喻拿不好的东西接到好的东西后面（多用于谦称续写别人的著作）：~之讥。参看〖狗尾续貂〗。

【庖代】〈书〉替别人做他分内的事。参看〖越俎代庖〗。

5. 需要查找词源加以确定的词

【粹器】指纯正的人才。

【倾巢】（敌军或匪徒）出动全部力量：~来犯。

【梳辫子】比喻把纷繁的事项、问题等进行分析归类：先把存在的问题梳梳辫子，再逐个研究解决办法。

这类词有时不能一下子确定本义是否作为词使用过，需要在古文献和现代汉语文献中检验。

第二节 现代汉语比喻新造词语概况

一、比喻新造词语的数量及词长

（一）与《现代汉语词典》中词目词长的比较

词长，即词的长度。据统计，《现代汉语词典》（1996）收录条目58481个，其中单字条目有8795个，占总数的15.039%。双字组合有39548个，约占该词典收条总数的67.625%。三字组合有4901个，占总数的8.396%。四字组合有4798个，占总数的8.204%。五字组合有218个，占总数的0.373%。六字组合有104个，占总数的0.178%。七字组合有48个，占总数的0.082%。八字组合有50个，占总数的0.086%。九字组合有7个，约占总数的0.012%。十字组合只有2个，点总数的0.003%。十二字组合只有1个，占总数的0.002%。

我们所收集的比喻新造词语中不包括单字条目，只包含双字条目和惯用语、成语等熟语。双音节词有2083个，约占比喻新造词语的47.105%，如板牙、瓣膜、胞衣、棒冰、覆辙、宝石、碑额、笔立、壁虱等。三音节词语有811个，约占比喻新造词语的18.340%，如唱反调、跟屁虫、凤尾鱼、兰花指、拦路虎、鸟兽散、牛皮纸、牛鼻子、灌米汤、鬼剃头等。四音节词语有1364个，约占比喻新造词语的30.846%，如高山流水、刀山火海、凤毛麟角、佛口蛇心、夫唱妇随、根深蒂固、滚瓜溜圆、白衣战士、宝贝疙瘩等。五音节词语有52个，约占比喻新造词语的1.176%，如八字没一撇、东风吹马耳、赶鸭子上架、恨铁不成钢、枪打出头鸟、照葫芦画瓢等。六音节词语有38个，约占比喻新造词语的0.859%，如八竿子打不着、干打雷不下雨、胳膊肘朝外拐、牛头不对马嘴、陈谷子烂芝麻、过屠门而大嚼等。七音节比喻新造词语有32个，约占比喻新造词语的0.724%，如不到黄河心不死、狗嘴吐不出象牙、此地无银三百两、磨刀不误砍柴工、远水解不了近渴、新官上任三把火等。八音节比喻新造词语有38个，约占比喻新造词语的0.859%，如不入虎穴，焉得虎子；成也萧何，败也萧何；巧妇难为无米之炊；老鼠过街，人人喊打；种瓜得瓜，种豆得豆；桃李不言，下自成蹊；流水不腐，户枢不蠹等。九音节比喻新造词语有2个，约占比喻新造词语的0.045%，如搬起石头砸自己的脚；冰冻三尺，非一日之寒。十音节比喻新造词语有2个，约占比喻新造词语的0.045%，如只要功夫深，铁杵磨成针；留得青山在，不怕没柴烧。

用图表表示《现代汉语词典》词语与比喻词语可能会更清楚。比较之前，先将《现代汉语词典》中的单字条目去除，以使比较的双方保持标准一致。经过重新统计过的数据如下表所示：

词语 音节数量	《现代汉语词典》 全部词语数量	比例	《现代汉语词典》 比喻新造词语数量	比例
双字	39548	79.596%	2083	47.105%
四字	4798	9.657%	1364	30.846%
三字	4901	9.864%	811	18.340%
五字	218	0.439%	52	1.176%
六字	104	0.209%	38	0.859%
七字	48	0.09%	32	0.724%
八字	50	0.010%	38	0.859%
九字	7	0.014%	2	0.045%
十字	2	0.004%	2	0.045%
十一字	0	0%	0	0%
十二字	1	0.002%	0	0%
共计	49686	100%	4363条	100%

可以看到，《现代汉语词典》中双字组合占据绝大多数，约80%。而比喻词语中的双字组合只有47.105%，不到一半。

《现代汉语词典》中的三字组合和四字组合数量差距不大，各自约占10%左右。而《现代汉语词典》比喻新造词语的三字组合和四字组合数量比各为18.340%、30.846%。

五字组合中，比喻词语的数量比为1.176%，明显高于《现代汉语词典》全部词语中五字组合0.439%。

五字以上组合，比较双方均不足百分之一。《现代汉语词典》比喻新造词语中的略高于《现代汉语词典》全部词语中的数量比。

这说明，比喻新造词语中，双字组合仍占主要地位，但是，和《现代汉语词典》中全部双字组合相比，其优越地位已大大下降，降了一半左右。三字组合和四字组合的数量比明显增多，这表示比喻新造词语另一个重要组成部分是多字组合。

（二）与《古代汉语词典》《近代汉语词典》中词目词长的比较

前面谈了比喻新造词语在现代汉语中的词长面貌。下面，我们将进行纵向比较，整理古今比喻新造词语词长发展规律。古代汉语中比喻新造词语选自《古代汉语词典》，近代汉语比喻新造词语词目的确定则依靠目前已出现的多部近代汉语词典。

《古代汉语词典》[①]收词范围是古代以正统书面语言写作的有代表性的古籍，其中又以先秦两汉的古籍为主。唐、宋以后古白话作品中的词语、佛经中的特殊用语、诗词曲中特有意义的词语一般不收。共收复音词24000余条。从中我们共整理出比喻新造词语2184条。其中，有相当一部分产生于隋唐时期，这一部分的词划入到近代更为妥当，所以排除了这一部分词。这样共得到989条比喻新造词语。

近代是白话文兴起的时期，语词面貌较古代汉语有了较大改观，与现代汉语则较为密切。我们选取的近代汉语词条，分别来自高文达主编的《近代汉语词典》（知识出版社，1992）、许少峰主编的《近代汉语词典》（团结出版社，1997）、刘坚、江蓝生主编的《唐五代语言词典》《宋语言词典》《元语言词典》。

高文达所编《近代汉语词典》，选词立目标准掌握得相当严格，但是收词量少，仅收词1.3万条，收词范围过窄，所列义项不全，部分字的注音也存在错误。[②]许少峰所编《近代汉语词典》主要局限于元杂剧和明代小说。早期白话和远明以来其他作品或未涉及，或涉及甚少。有些例证比高

[①]《古代汉语词典》编写组. 古代汉语词典[M]. 北京：商务印书馆，2003.
[②] 元白. 评近代汉语词典[J]. 辞书研究，1993，5.

文达所编《近代汉语词典》还要晚出。有些词语的重要义项失收。部分词语的释义不够简明、准确。还有词语遗漏、出条失当等问题。由刘坚、江蓝生主编的《唐五代语言词典》《宋语言词典》《元语言词典》主要收唐以后产生的口语词。凡是汉代以前已有用例的词语一律不收；魏晋时期已经出现但在唐以后仍普遍使用的口语词收入。收词的下限定在乾隆时期。这样一来，大凡唐代变文、唐宋传奇、元曲、明清小说、笔记杂著中的新词新义都是词典寻绎的范围。但是，这三本词典由于语词的时代特征和编写者的各自水平不同，导致三本词典的收词、立目、书证、释义、语法阐述以及吸收当代研究成果等方面都有较大的不同。词典之间也存在词条重复现象。①

这些词典尽管存在不同程度的缺憾之处，但是取长补短，我们所选词目基本上能够反映近代汉语词语特征，从中遴选的比喻新造词语也能够反映近代汉语比喻新造词语的特点。

笔者搜集整理了这五本词典中的比喻新造词语，排除重现词目、同义异形词，如宽打周遭与宽打周摺，撩蜂剔蝎与剔蝎撩蜂，这类异形词语大约有436条，只保留一个。这样一共得到了2227个词条。

下面笔者将代表三个不同时期的比喻新造词语用图形表示出来：

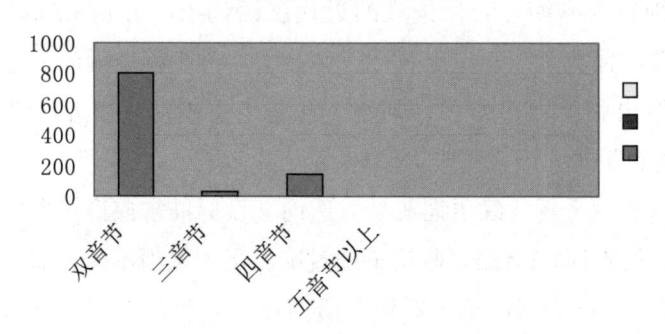

古代汉语比喻新造词语表

---

① 参看：张永言，董志翘. 唐五代语言词典评介[J]. 中国语文，1999，3；董志翘. 评宋语言词典[J]. 辞书研究，2000，1；汪维辉. 元语言词典评介[J]. 辞书研究，2000，1.

近代汉语比喻新造词表

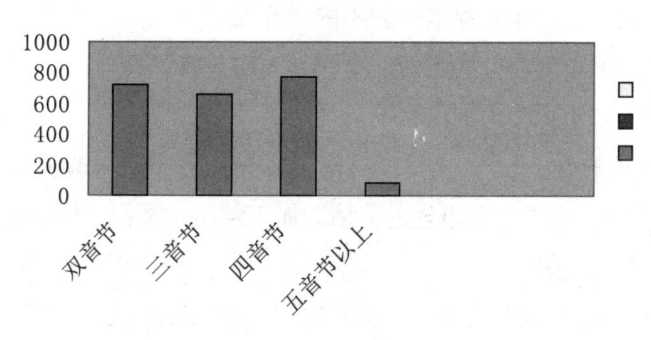

[图表：双音节、三音节、四音节、五音节以上]

现汉比喻新造词语

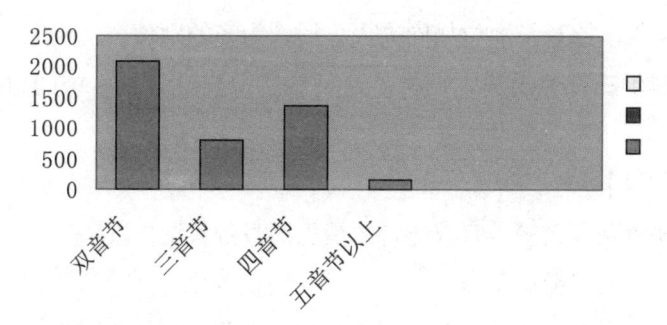

[图表：双音节、三音节、四音节、五音节以上]

说明：

（1）古代汉语双音节词占绝对优势，共809条，占81.780%。

【挈领】①比喻抓住纲要。②断颈，引颈受戮。

【豹变】①像豹子的花纹那样变化。比喻润饰事业、文字或迁善去恶。

【螓首】螓额广而方，故以"螓首"形容女子容貌之美。

【冰纨】细密洁白的丝织品，因色晶莹如冰，故称。

【豺声】声如豺狼。古代以此为恶人的征兆。

【锥髻】如锥形的发髻。

四音节词语共140条，约占14.158%。因其韵律和谐，对仗工整，受到文学家们的喜爱，秦汉时出现了许多新造词四字成语，以及化用古代事典的四字词语：

043

【浆酒霍肉】视酒肉如浆藿。极言奢侈浪费。

【乌合之众】比喻仓促集合起来的一群人。

【瓦解土崩】形容彻底崩溃。也作"土崩瓦解"。

【冰清玉洁】比喻人的品格高尚纯洁。

值得注意的是,这个时期,出现了少量三音节比喻新造词语,共36条,约占3.64%。大都是对事物的命名,属于偏正式结构,凝固性较强:

【犊鼻裈】短裤。

【蝌蚪书】古代作书,用刀刻或漆书写于竹简或木牍之上。

【池中物】比喻蛰居一隅,没有远大抱负的人。

【如椽笔】犹言大手笔。指重要的文字。

【如夫人】原意指地位如同夫人,后作为妾的别称。

也出现了三音节动宾式结构,这种结构分离性较强,中间可以插入其他成分:

【登龙门】

①比喻得到有名望、有权势者的援引而身价大增。

②指科举时代会试得中。[①]

同时出现了多音节比喻新造词语,如五音节比喻新造词语:

【无立锥之地】连个插锥子的地方也没有,形容无地存身。[②]

八音节比喻新造词语:

【为渊驱鱼,为丛驱雀】比喻不为善政,必然使自己的人投向敌对一方去。

【桃李不言,下自成蹊】喻重事实不尚虚名。

五音节以上(含五音节)比喻新造词语共4条,约占0.4%。

(2)近代汉语词汇在构成上有四个显著特点:①口语词多;②方言俗

[①] 《后汉书·列传第五七》:"士有被其容接者,名为登龙门。以鱼为喻也。龙门,河水所下之口,在今绛州龙门县。"辛氏《三秦记》曰:"河津一名龙门,水险不通,鱼鳖之属莫能上,江海大鱼薄集龙门下数千,不得上,上则为龙也。"

[②] 《吕氏春秋·为欲》:"夫无欲者,其视为天子也与为舆隶同,其视有天下也与无立锥之地同,其视为彭祖也与殇子同。"

语词多；③市语多；④外来语多①。这样，我们从口语语体的特征就可以判断出近代比喻新造词语。

近代比喻新造词语共有2227条，其中，双音节720条，占32.33%，如：

【钱龙】即钱。铜钱串成一串形状似龙，故称。

【木驴】一种有轮轴的木架。

【水性】像水一样可以随意方圆，比喻用情不专或无主见。

【腰棚】戏园子的观众席。

【沸喧】像沸腾的水一样喧闹。

【钳压】挟制，压制。

三音节词语655条，占29.412%：

【风雷性】暴躁、易发火的性子。

【泥中刺】言语中带有讥刺。

【下锹橛】比喻强横地破坏别人的好事。

【雪花银】白银。

【生菩萨】活菩萨，比喻貌美的人。

【鹘打雁】比喻无敌。

四音节词语771个，占34.621%：

【扑絮纳瓜】比喻把握不住。

【墙花路柳】墙头花，路边柳，任人采折，比喻行为不端的女子。多指妓女。

【跳塔轮铡】比喻任何危险的事都敢干。

【寻根拔树】比喻彻底追究或彻底消灭。

五音节以上词语共81个，占3.637%：

【碗里拿蒸饼】手到擒来。比喻容易弄到手或容易办成。

【露狐狸尾巴】比喻坏人坏事最终都得暴露出来。

【关门弗落闩】比喻不把事表做绝，留有余地。

【磕头如捣蒜】捣蒜泥时，将剥好的蒜瓣放在蒜臼里，用杵撞凿，动

---

① 蒋冀骋，吴福祥. 近代汉语词汇纲要[M]. 长沙：湖南教育出版社，1997：185.

作快而有响声。比喻连连碰头。

【家和可养冬蚕】当时俗语。冬季天寒,本非养蚕之时,此语比喻家庭和睦之重要。

【死雀就上更弹】在死雀身上加射弹弓,比喻多此一举,不应当。

【蚂蟥叮住鹭鸶脚】喻紧随某人不愿分离。

【新妇骑驴阿家牵】媳妇(卑者)骑驴,婆婆(尊者)牵驴,喻事理颠倒。

【大丈夫膝下有黄金】谓大丈夫不轻易向人下跪。

【捕得老鼠,打破油瓮】喻指有得也有失,得不偿失。

【大智慧人面有三尺暗】谓大智慧也有愚钝不悟之处。

【赤脚人趁兔,著靴人吃肉】俗语,讥讽不劳而获。

【十指从头长与短,一一从头试咬看】十指虽有长短,咬着都一样痛,比喻父母对儿女一样爱惜。从头:一一,各个。

《现代汉语词典》中词语的数量及词长前面已谈到,这里不再赘述。

分析:

(1)双音节是比喻新造词语优选词长。

有学者考证,双音词在甲骨卜辞和商代晚期铜器铭文中就已出现(唐钰明,1986;伍宗文《先秦汉语复音词研究》,2001)。从殷商时起,双音词开始了缓慢的发展,这种发展一直到先秦仍处于弱势。据伍宗文对《尚书》《诗经》《论语》《左传》《墨子》《孟子》《庄子》《商君书》《荀子》《韩非子》《吕氏春秋》的统计,复音词约占总词数的31%。另据周荐统计(1999),向熹编纂的《诗经词典(修订本)》[1]里的单字2826个(不计异文),双音节词1000个,表明在《诗经》时代双音节词只占语汇的26.137%。张万起的《世说新语词典》[2]收录词语9287个,双音节词4282个,占总数的51.987%。龙潜庵的《宋元语言词典》[3]收录宋元时代词语11172个,双音节词语7234个,占总数的64.751%。

---

[1] 向熹. 诗经词典(修订本)[M]. 成都:四川人民出版社,1997.
[2] 张万起. 世说新语词典[M]. 北京:商务印书馆,1993.
[3] 龙潜庵. 宋元语言词典[M]. 上海:上海辞书出版社,1985.

这些数字表明，双音化是汉语词汇发展的趋势。双字组合在意义、结构、韵律上的优势使其从出现至今，成为造词时的首选词长。比喻新造词语同样顺应了这个规律。无论是在古代汉语、近代汉语还是现代汉语，双音节的语音结构始终处于优势。

（2）三音节在近代出现了高峰。

三音节词的起步要晚一些。据统计，三音节词在《诗经》当中非常罕见，而在《世说新语》中出现了679个，占《世说新语词典》收条总数的18.94%。（引自周荐文）《世说新语》的写作时代是南朝，这个时期是古代汉语与近代汉语的交界之处，出现了大量的三音节词语。

比喻构成的三音节词语秦汉时就已出现，但数目寥寥。到了近现代则大量出现，数量接近于一直占优势的双音节比喻新造词语。今天略有回落。

（3）四音节从古到今地位突出。

四字组合的优势从古代汉语中就可以看到。汉族人讲究音律和谐、讲究对称美，四字组合在这一点上满足了需要。所以四字格式成为汉族人表意的重要格式之一。利用比喻造出的四字组合早在先秦就已出现了。到唐宋以后，四字格式的比喻新造词语数量大大增加，极大地丰富了比喻新造词语。

要注意的是，近代汉语的比喻新造词语与古代汉语中的比喻新造词语不同，更加口语化，书面色彩淡化。如露水夫妻、驴心狗肺、落汤螃蟹、马捉老鼠、卖狗悬羊、因风吹火等，都来源于口头俗语。

（4）五音节以上比喻新造词语在秦汉时期已露端倪，到了近代，这一类词语因比喻而成的就更多了。这一类多半是谚语或典故，谚语多为口语创新，典故是古语的承传。

综上所述，从共时的角度看，比喻新造词语的词长以双音节为主，四音节位居第二，三音节则位居第三，五音节以上则相对更少。从历时的角度看，近代是一个分水岭，比喻新造词语长期以来以双音节为优势词长的地位，在近代受到挑战，四音节的数量甚至超过了双音节，位于首位。今天现代汉语中积淀的三音节比喻新造词语也大部分来自近代。

总之，《现代汉语词典》中比喻新造词语的词长分布既有特殊的一面,也有继承的一面,它的主要词长是双音节,最多词长是十音节。

二、比喻词语的类型

(一)前人分类概述

分类是研究的基本步骤之一。前贤在这一方面早已做出了有益的尝试。

一个较为普遍的分类是沿用修辞学上的概念,将比喻词语分成明喻型、隐喻型(暗喻型)、借喻型。(应雨田,1993;史锡尧,1996;杨振兰,1996;)也有二分法,即按照本体是否出现,把它分为明喻和借喻两大类。(张仁,1986;胡中文,1999)

第二种是按词反映对象的特点以及比喻性词素在词中的不同分布进行分类:纯喻式、半喻式、借喻式(刘叔新,1992)。半喻式根据位置分为前喻式、后喻式。(周荐,1993);前比喻式、后比喻式、前后比喻式、整体比喻式和中比喻式。(刘兰民,2001)。1996年,陈中平、曹文辉发表的论文似乎也支持这一分类方法:喻体+词根、非名词喻体+词根、词根+喻体、喻体直接代替本体、带有"式、状、形、样、如"等字的。(陈中平、曹文辉,1996)

第三种是从语义学角度进行分类:形式比喻词,如心如古井、鸭蛋脸、火舌、血红、龟缩等;意义比喻词,如后台、猴头、鸡眼、硬骨头、蚂蚁上树等;形式意义比喻词,如风刀霜剑、蚕食等;限制比喻词,如墙脚、电脑等。(张培成,2000)

第四种特别重视分析比喻词的结构:(1)名素+名素,如牛劲、海口、地球、雪花。(2)名素+形素,如天蓝、火红。(3)形素+名素,如热火、甜蜜。(4)名素+动素,如蚕食、云集。(5)动素+动素,如猎取、涉猎。(6)重叠式,如水汪汪、血淋淋、毛毛雨、麻麻亮等。(1985,郭熙)[①]。

第五种,我们归纳成复合型。它包括:

[①] 郭熙. 浅谈现代汉语中有比喻意义的词[M]. 郑州:河南人民出版社,1985.

既重视修辞又重视句法关系的分类方式：包括1986年孙云、王桂华发表的《比喻构词刍议》一文，文中将比喻因素与结构因素结合起来，分成全喻型、正喻型、偏喻型。三种类型按照语素之间的关系依次分成小类，例如"全喻型"中的词语又可分成：（1）喻体是表并列关系的两个语素构成的。（2）喻体是由表修饰与被修饰关系的两个或几个语素构成的。（3）喻体是表支配与被支配关系的几个语素构成的。（4）喻体是由表陈述与被陈述关系的两个语素构成的。"正喻型""偏喻型"也依次分类。（1986，孙云、王桂华）[1]。

既重视修辞关系又重视比喻性词素在词中的位置的分类：明喻（前喻式、后喻式）、借喻[2]。

以上各点表明，比喻词语的分类是多样的，角度不同，内容上自然就有分歧。分歧点主要存在于：

（1）从修辞学角度的分类，对于明喻词语、暗喻词语分类意见不同[3]。暗喻也叫隐喻，是比喻辞格中的一个小类，表现形式是"甲是乙"。应雨田认为雪花、火海、驼鹿等属于暗喻，而侯友兰则认为不能理解成雪是花、火是海、驼是鹿，而应理解成雪（片）像花、（一大片）火像（一大片）海、像骆驼一样的鹿，所以应该是明喻型比喻词语。1996年史锡尧发表在《中国语文》上的文章《名词比喻造词》也认为这类词是明喻型。

后来，刘叔新在分类时显然注意到了这个问题，但没有在明喻、暗喻上继续纠缠，而是直接分成纯喻式、半喻式、借喻式。刘叔新所分类中的借喻式"同纯喻式的性质基本一致，不同之处在于往往有个本义也起烘托比喻的作用，即有更强的比喻性"[4]。

（2）纯结构分析还是纯辞格分析。

纯结构的分析，对于比喻所造词语，显然不合适。所以郭熙之后难有继者。而做纯辞格的研究，则稍觉片面。将两者结合起来，"既体现了重

---

[1] 孙云，王桂华. 比喻构词刍议[J]. 天津师范大学学报，1982（6）.
[2] 胡中文. 试析比喻构造汉语新词语[J]. 语文研究，1999，（4）.
[3] 详见：《中国语文》1996；《汉语学习》1997。
[4] 刘叔新. 汉语描写词汇学[M]. 北京：商务印书馆，1990：227.

视任学良强调修辞手段在修辞构词中的核心作用,又希望纠正任氏轻视修辞构词的句法关系之偏"①。可见,随着时间的推移,人们对修辞造词的构词分析日益客观。

除以上的分类外,还有从认知角度进行的分类,如王松亭②认为,隐喻在语言发展过程中所起的重要作用,主要表现于词汇方面,并对这方面的词语加以分类:①隐喻词汇。②失隐喻性同义词。③失隐喻性同音异义词。④失隐喻性词汇。⑤隐喻性派生词。⑥隐喻性合成词。

这种分类是隐喻理论的产物,实践中运用得不多,目前来看还不是十分成熟。

(二)本书分类

本书从喻体在词语中的位置出发对比喻新造词语进行分类,喻体在前的,称作前喻式;喻体在后的,叫作后喻式;整个词语都是喻体的或者整个词语是一个完整包括本体、喻体、喻词结构的,统称为全喻式。

1. 前喻式比喻新造词语一共有921条。其中包括:

(1)前面语素为喻体,后面为本体,共719条。分成:

A. 喻体+本体,共705条:

板斧、腰果、鱼雷、齿轮、冰糖、槽牙、钉螺、鸟瞰、牛劲、绯闻、罐车、童山、笋鸡、腹地、杆菌、虹膜、女墙、八斗才、斑马线、胭脂鱼、燕尾服、阎王账、鱼鳞坑、贝叶树、扁担星、方巾气、钉齿耙、布纹纸、凤尾鱼、孩子气、羊肠小道、一席之地、自来水笔、蓝青官话、长线产品、切肤之痛、黄金时代、虎视眈眈、滑车神经、流水作业、羊肚儿手巾……

B. (喻体+本体)+(喻体+本体),共9条:

豹头环眼、鹰鼻鹞眼、风言风语、铜筋铁骨、铜墙铁壁、熊腰虎背、虎背熊腰、花容月貌、狼心狗肺。

C. 喻体+喻体+本体,有1条:

榴霰弹。

---

① 潘文国,等. 汉语的构词法研究[M]. 台北:台湾学生书局. 1993.
② 王松亭. 浅谈隐喻在词汇体系发展和演变中的作用[J]. 中国俄语教学1996, 2.

D. 限定/修饰+喻体+本体，有4条：

锅驼机、褐马鸡、滚齿机、工作母机

（2）前面语素为喻体，后面为非本体，共有202条：

A. 喻体+相似点，共有158条，可以分成两类：

一类是动词性的：鱼贯、鼎峙、波动、飞涨、壁立、牛饮、蛰居、雷动、山积、屹立、蠕动、兔脱、星散、狼吞虎咽、鼠窃狗盗、川流不息……

一类是形容词性的：油亮、笔直、冰凉、火急、耿直、肤浅、轮回、绵薄、菜青、蟹青、桃红、鱼肚白、橄榄绿、玫瑰紫、鸭蛋圆、冰清玉洁、滚瓜溜圆、珠圆玉润、风驰电掣、虎踞龙盘、天长地久、燃眉之急……

还有一个喻体在中间的：连轴转。

B. 喻体+修饰/限制/说明/类属，共有44条：

熬心、熬刑、熬夜、奔流、板实、炒更、炒汇、炒家、针对、步韵、斧正、鏖战、锁国、翼侧、白毛风、白羊座、宝瓶座、室女座、大熊座、金牛座、巨蟹座、猎户座、摩羯座、人马座、狮子座、双鱼座、双子座、天秤座、天琴座、天蝎座、仙后座、小熊座、天鹰座、棒子面、火头上、哀鸿遍野、疮痍满目、半壁江山、春风满面、飞檐走壁、钳口结舌、秋毫无犯、师心自用、铁板一块。

说明：相似点也叫"喻底"（理查德）或"共体"（袁毓林）。我们认为，鱼贯、涌现、油亮一类的词，后面的语素不是本体而是相似点。比如在下面这句话当中：

物价飞涨。

他的手冰凉。

本体是"物价""手"，喻体是"飞""冰"，相似点是"涨""凉"。

2. 后喻式比喻新造词语一共有1049条，其中包括：

（1）前面语素为本体，后面语素为喻体，共157条：

A．本体+喻体，有146条：

爱河、病魔、宫颈、沟谷、孽海、瓣膜、胞衣、包孕、肠衣、蚕蚁、辞藻、火海、火花、火苗、瀑布、林带、林海、露珠、怒火、云海、瓶胆、雪花、尘雾、尘烟、葱花、光针、光刀、光线、胆囊、妒火、汗珠子、被窝儿、纸煤儿、蚕宝宝、兵油子、糯米纸、窟窿眼、流星雨、水煤气、米豆腐、脑袋瓜、大步流星、胜利果实、瘦骨嶙峋、心急火燎……

B．（本体+喻体）+（本体+喻体），共11条：

口蜜腹剑、唇枪舌剑、枪林弹雨、风刀霜剑、刀山火海、火海刀山、米珠薪桂、舌剑唇枪、人山人海、文山会海、车水马龙。

（2）前面语素为非本体，后面语素为喻体，共892条：

A．修饰/限制/说明/类属+喻体，有857条：

爱巢、碑额、斑马、钉帽、病灶、贡缎、柿霜、地邻、地衣、干冰、钉帽、木耳、刨花、笔谈、蝉衣、挂火、覆辙、笔战、表笔、鳖裙、礁床、蚕眠、吃货、木鱼、安全岛、安乐窝、玻璃砖、不倒翁、腹股沟、报屁股、鼻子眼、变色龙、高压脊、粪箕子、芝麻酱、糊涂虫、木芙蓉、外耳门、生物钟、是非窝、守财奴、死亡线、白衣天使、冰糖葫芦、手搭凉棚、水利枢纽、电脑病毒、河西走廊……

B．喻词+喻体，有22条：

如弟、如虎添翼、如花似锦、如火如荼、如饥似渴、如胶似漆、若虫、若明若暗、如雷贯耳、如鸟兽散、如日中天、如丧考妣、如释重负、如数家珍、如汤沃雪、如兄、如蚁附膻、如影随形、如鱼得水、如坐针毡、如臂使指、如出一辙。

C．相似点+喻体，有5条：

飞舞、青葱、魁梧、甜蜜、秃瓢。

D．其他，有8条：

拔河、热门、意匠、人面兽心、苦口婆心、失之交臂、奉为圭臬、神不守舍。

3．全喻式词语共2393个：

（1）纯粹为喻体的，有2338条，可以分成两种：

A. 喻体是整个词语的融合义：

撕票、鳌头、附骥、砭骨、佛手、瓜葛、圪针、隔山、攻错、扒皮、钩沉、龟足、鬼胎、泡汤、炮灰、亲炙、换马、回肠、寸刻、毒手、顶梁柱、倒牌子、跟屁虫、白眼狼、摆架子、闭门羹、狗咬狗、牛鼻子、鬼剃头、滚刀肉、抓破脸、竹叶青、赶潮流、赶浪头、比翼鸟、扯后腿、遍地开花、藏龙卧虎、藏头露尾、不容置喙、唱独角戏、拨云见日、白日见鬼、板上钉钉、推襟送抱、蟾宫折桂、改弦更张、隔墙有耳、八面玲珑、狗头军师、鸟枪换炮、睁眼瞎子、地老天荒、干柴烈火、不到黄河心不死、不费吹灰之力、胳膊拧不过大腿、牛头不对马嘴、百足之虫死而不僵、赶鸭子上架、恨铁不成钢、照葫芦画瓢、真金不怕火炼……

B. 喻体+喻体：

芝兰、柱石、冰轮、冰炭、豹猫、凌轹、闭锁、棒针、鳌山、粉尘、煎熬、鹣鲽、草芥、翘楚、泰斗、斗筲、斗筲、枪乌贼、霸王鞭、春蚓秋蛇、镜花水月、离弦走板、含英咀华、云谲波诡、溜须拍马、风口浪尖、鬼使神差、赴汤蹈火、牛溲马勃、敲骨吸髓、泰山北斗、孤家寡人、洪水猛兽……

（2）包括本体、相似点、喻词、喻体，这一类共有55条：

A. 本体+喻词+喻体：

表里如一、铁案如山、爱财如命、暴跳如雷、宾至如归、视若无睹、视死如归、目光如豆、目光如炬、挥金如土、口若悬河、福如东海、从善如流、倒背如流、洞若观火、对答如流、恩同再造、囊空如洗、味同嚼蜡、势如破竹、履险如夷、虚怀若谷、面如土色、忧心如焚、一贫如洗、门庭若市、日月如梭……

B. 相似点+喻词+喻体：

噤若寒蝉、冷若冰霜、趋之若鹜、固若金汤、浩如烟海、恍如隔世、疾恶如仇、安如泰山、甘之如饴、呆若木鸡、寥若晨星、判若鸿沟、判若云泥、旁若无人、了如指掌、震耳欲聋、稳如泰山、多如牛毛、杳如黄鹤、危如累卵、深藏若虚、守口如瓶、望眼欲穿、惜墨如金、急如星火、易如反掌、骨瘦如柴、相敬如宾……

全喻式		前喻式		后喻式	
纯为喻体	本体、相似点、喻词、喻体	喻体+本体	喻体+非本体	本体+喻体	非本体+喻体
2338	55	719	202	157	892
2393		921		1049	

三、一个争议

　　构词法是语言学的一个重要课题，迄今为止，仍然有许多值得深究之处。"火海"的构词就属于这一类。火海与露珠、怒火、瓶胆、尘烟等词结构相同。对这类词，一般有两种看法：一是笼统归入偏正式，如沈怀兴的《汉语偏正式构词探微》①将"苦海"类归入偏正式；一是归入"正偏式"，这种观点早有人提出，并屡有继响，如刘云泉（1984）提出"茶砖、蚕蚁等"是"正偏式"，应雨田（1993）、彭迎喜（1995）、束定芳（2000）、董秀芳（2004）等都持此议。董秀芳认为：后面语素是出于韵律要求而出现的"傀儡中心语"，"因为实际上的语义中心与结构所提示的语义中心并不匹配"。从上述两种观点看来，认为是"偏正式"的观点一般都未加详细论证，使人不知其所以然，致使后来者多有疑问；认为是"正偏式"的观点则是发现问题之后深入细化地研究，这种观点目前看来仍有许多人支持。

　　笔者对"正偏式"观点有一点疑问：

　　火海、露珠、怒火、尘烟、雪花等经过我们检索②大都出现在中古和近代③，而先秦时就出现了诸如"孙竹"（竹子根部蘗生的嫩枝。出自《周礼》）、豕心（喻人贪婪。出自《左传》）、石民（像柱石那样的人民，指能坚守本业，对国家有重要作用的人。出自《管子·小匡》）、虱官

---

① 沈怀兴. 汉语偏正式构词探微[J]. 中国语文，1998，3.
② 北京大学CCL古代汉语语料库。
③ 如"雪花"最早出现在唐代，"露珠"最早出现在五代，"火海"最早出现在明代、"怒火"最早出现在北宋，"尘烟"最早出现在清代，等等。

（指害国民的人或弊病。出自《商君书》）[①]等偏正结构的比喻词。既然"火海"等词后置语素仅仅起到修饰、描绘前置语素的作用，那么为什么造词之初不直接把修饰语素提前，构成海火、花雪、珠露这样的形式呢？从传承来说，这样的构词更符合上古就有的偏正式构词习惯。

　　带着这个问题，笔者回思确立"火海"一类词为"正偏式"的依据。大致有三种理由：

　　一是韵律说，如董秀芳认为："半喻式比喻新造词语，有时需要一个合适的中心语，来完成双音韵律要求，这里就出现了一个描绘性的语素。这个语素有人称为'傀儡中心语'。……如'雪'本没有自然的或说合适的事物类可以充当其中心语，但是在'提示特征+事物类'语义模式的要求下，'花'就以一种隐喻的方式进入了中心语的位置。类似的例子还有'病魔'。这样的中心语可以称为一种'傀儡中心语'，因为实际上的语义中心与结构所提示的语义中心并不匹配。"[②]韵律说解释了后置语素的添加原因。但是，如果仅仅为了满足双音韵律要求，那么描绘性的语素大可按照偏正式构词习惯放在前面。而事实却恰恰相反。所以，双音韵律说不能够证明这类构词是正偏式。

　　一是语义中心说。持这种观点的人占大多数。他们认为，这类词中心语素在前，而修饰、限定性语素居后。[③]如"火海"，从语素意义上看，似乎该词主要以"火"为主，"海"为辅。描绘性语素只能作为修饰语的看法其实是一种定式思维。描绘性语素其实同样可以作为语义的中心。拿短语来说，在黄廖本的《现代汉语》中，就列出一类特殊的定中短语，如"别人的精明、灯火的辉煌、分析的精确"等实例[④]，这些短语中的形容词都是描绘性的，但是在该短语中却做中心语。词和短语相比，结构、语义具有凝固性，不能插入"的"来标识定语中心语，但并不是说词法结构中表示性质、状态、范围、用途的成分就不能做偏正结构的中心成分。出

---

① 《古代汉语词典》编写组. 古代汉语词典[M]. 北京：商务印书馆，2005.
② 董秀芳. 汉语的词库与词法[M]. 北京：北京大学出版社，2004.
③ 彭迎喜. 几种新拟设立的汉语复合词结构类型[J]. 清华大学学报，1995, 2.
④ 黄伯荣，廖序东. 现代汉语（下册）增订四版[M]. 北京：高等教育出版社，2007：46.

于不同的目的和要求，描绘性的语素同样可以做中心语。张怡春曾指出，"狡猾的狐狸"中，"狐狸"固然是中心语，但是，"狐狸的狡猾"中，"狡猾"同样可以看作短语的中心成分。[①]这样的分析是有道理的。

此外，语义中心还可以通过词在句子中的搭配来观察。语言存在于应用中。从动态句子中观察词语搭配，似乎比从词语内部观察更容易找到词的语义中心。

如"怒火"一词。它经常和燃烧、万丈、冲天一类词搭配，如：

一连几天，他怒火中烧，吸烟很多，说话很少，不时地在屋里走来走去。

复仇的怒火在燃烧、人民要向"四人帮"讨还血债！

日寇铁蹄践踏中国河山，还要在中国庆功，王亚樵闻讯，怒火万丈。

可是来到屋外以后，孙广才又怒火冲天了……

搭配词的语义指向显然都是"怒火"的后置语素"火"。其他如：

词目	通常搭配
人海	人山~；茫茫~；
火海	一片~；成为~；葬身~；冲进~；刀山~；下~
爱河	一条……~；坠（堕、投、跳、跌、陷）入~；沉浸（沐浴、荡漾、泛舟）在~；
怒火	~中烧；~直冒；
露珠	晶莹（闪亮、明亮）的~；滚动着~；颗颗（滴滴）~；缀着~
汗珠	一串串~；淌（滚）着~；豆大的~；颗颗（滴滴）~
雪花	朵朵（片片、簇簇）~；纷扬（飞舞）的~；
病魔	被（为）~夺去（击倒）；战胜（摆脱、驱除）~；与~斗争；可怕（无情）的~

从以上词语搭配来看，语义大多数情况下都指向后置语素。这说明，后面的描绘性语素才是该词的语义中心。

还有一种从辞格角度分析的观点，与"正偏式"的想法殊途而同归。

侯友兰[②]认为：名词性比喻词不能按隐喻的格式去理解，而应该按明喻的格式去理解，如"火海"不能理解为"火是海"，而应理解为"（一

---

① 张怡春. 偏正结构复合名词语素异序现象分析[J]. 南京师范大学学报，2007，4.
② 侯友兰. 比喻词补议[J]. 汉语学习，1997，4.

片大）火像（一片大）海"；"雪花"也不能理解为"雪是花"，而应理解为"雪（片）像花"，同样，"驼鹿"也不能理解为"驼是鹿"，而是"像骆驼一样的鹿"。因此，名词性比喻词确切地说是明喻省略了喻词"像"的形式，应该叫它明喻型比喻词。……比喻词中没有隐喻型的，应雨田谈到的隐喻型比喻词都是明喻型的。史锡尧的《名词比喻造词》[①]一文也认为这种类型的比喻词是明喻型比喻词。

以上说法其实是从辞格的角度证明雪花、火海类词中，"花""海"起修饰作用，处于附属地位。词语受音节限制，里面不能再加入"像"或"是"这样的喻词表示明喻或隐喻（暗喻）。那么"火海"究竟是"火像海一样""像海一样的火"还是"火是海"，恐怕很难主观臆断。陈嘉映认为："用像和是来区分明喻和隐喻，其实是对的，只不过两者的区分不在于修辞上用了像抑或用了是。张三是猪，虽然用了是，说的仍然是像，它仍然是一个明喻。逝者如斯，用的是如，却揭示着时间之所是，从而是一个隐喻。"[②]这清楚地揭示了隐喻和明喻的区别。"火海"不在于用"像"还是"是"，而在于"火海"采用的这种方式本身就证明了它想表达的是隐喻而非明喻。隐喻的效果要比明喻好得多。陈望道早已指出该词类型属于暗喻（隐喻）型[③]：

玫瑰开不完，荷叶长成了伞；秧针这样尖，湖水这样绿，天这样青，鸟声像露珠样圆。（闻一多《荒村》）

"秧针"实际上和"火海""雪花"同属一类，都是隐喻型词语。

另外，后面的比喻语素具有很强的能产性，可以在同样的位置，以同样的意义与其他语素相结合：

饼，形体像饼的东西：铁饼、豆饼、柿饼。

柄，比喻在言行上被人抓住的材料：话柄、笑柄、把柄。

带，像带子的长条物：海带、光带、声带。

峰，形状像山峰的事物：驼峰、浪峰、洪峰、波峰。

[①] 史锡尧. 名词比喻造词[J]. 中国语文，1996，6.
[②] 陈嘉映. 语言哲学[M]. 北京：北京大学出版社，2003：375.
[③] 陈望道. 修辞学发凡[M]. 上海：上海教育出版社，2004：79.

花，形状像花朵的东西：浪花、雪花、火花、钢花、水花。
流，像水流的东西：气流、暖流、寒流。
轮，像轮子的东西：日轮、月轮、年轮。
脉，像血管一样连贯而成系统的东西：山脉、矿脉、支脉。
……

上述例证表明，后置比喻语素同样可以作为语义的中心。

四、比喻新造词语分析

（1）比喻有四要素：本体、喻体、喻词、相似点。从分类的情况来看，词语中最多可以出现三个要素——本体、喻体、喻词（如：口若悬河、福如东海、目光如炬）或者是相似点、喻体、喻词（如：固若金汤、浩如烟海、恍如隔世）。最少只出现一个要素——喻体，如全喻式中的词语。

（2）比喻对于词语的作用在于命名、修饰、美化。

谈起比喻词语，人们往往会举出柳眉、杏眼、笔直、石笋、冰清玉洁一类词语。修饰语对中心语素的丰富描写常给人一种暗示：比喻词语的主要功能是美化、形象化、生动化。

通过前文数据则可看到：比喻新造词语中含有本体的仅有931条。占全部总数的21%。以喻体为中心，或者直接是喻体的词语则占79%。

这说明，牛劲、柳眉、杏眼、鸨母、铁证、斑马线、布纹纸、车辘辘话、尘雾、尘烟、葱花、光针、光刀、蚕宝宝、糯米纸一类用喻体描写比喻本体的词语并不在比喻新造词语中占主体地位。比喻词语的主要功能在于命名。

（3）前面图表结果显示，比喻新造词语中，前喻式和后喻式的数量并不是最多。数量最多的是全喻式新造词语，即顶缸、顶梁柱、定心丸、东鳞西爪、东风吹马耳一类。与前喻式、后喻式的比例依次为：21∶24∶55（前喻式∶后喻式∶全喻式）。

全喻式表达新概念，即在两种事物或现象之间寻找相似点，用一事物来喻指另一事物,从而理解被说明的事物或现象。全喻式词语数量占据优势,这说明,人们更擅于用全喻式表达新概念,即用一事物来喻指另一事物,在两种事物或现象之间寻找相似点,从而理解被说明的事物或现象。

（4）表义清晰度及可懂度不同。前喻式词语与后喻式词语属于偏正式结构,前喻式因符合汉语构词规律而更加容易理解,后喻式则直接表明喻体,以喻体为重心,这是一种间接表达的方式。全喻式作为一个整体表达概念,同样是间接表义方式。如果做一比较,则表义清晰度及可懂度依次为：前喻式>后喻式>全喻式。

第二章 比喻新造词语的构词规则

德国语言学家G.abriele Stein（1973：29）曾说过："构词是语言创造性和能产性的集中体现。"人们对构词的兴趣由来已久。自现代语言学之父索绪尔开创结构主义语言学以来，学者们对词的结构有了更为深入的认识，总结出各种构词规则，取得了极大的成绩，这些成果至今仍影响着语言研究、语言教学、词典编纂等各个方面。但是毋庸讳言，构词分析还有很多不尽人意之处，既有的构词法对汉语来说仍有方枘圆凿之嫌。这些现状敦促我们继续对汉语构词法进行探讨。

近些年来，比喻词随着认知语言学的兴起而重获青睐，但相关研究依然薄弱，依靠联想而产生的比喻词常常给人缺少系统性的错觉，这使得人们对比喻词的各种规律没有仔细思考，也缺少相应的总结。笔者认为，比喻词作为词汇系统中的一个类别，并非全无章法，它同样具有系统性，其内部同样受到各种规则的制约。下面我们尝试对比喻新造词的构词规则进行归纳。构词规则对于汉外教学、词典编纂都具有重要的意义，对于汉语构词研究本体来说也具有重要的价值。

第一节 比喻新造词语词类

一、比喻新造词语的词类分布

比喻新造词语的词类基本上可归纳为三大主要词类：名词、动词、形容词。在《现代汉语词典》中，我们得到了下面这些数据：

	双音节	短语	合计
比喻名词	1461	914	2375
比喻动词	429	1276	1705
比喻形容词	164	99	263

如"菜青""火热""驽钝""橙黄""肤浅"等，这些词大都不能单独做谓语。

从以上数字可以看到：

（1）双音节名词及名词性短语数量最多。名词性短语相对少一些。

（2）双音节动词及动词性短语数量居次。但是，比喻新造动词数量远远不及动词性短语。

（3）双音节形容词及形容词性短语数量最少。词的数量也要少于短语。

要说明的是，比喻形容词的词性颇有争议。赵元任认为，茶绿、墨绿、雪青、藤黄、天青、月白一类词是名词，因为它们不能受副词修饰，不能单独做谓语[1]。邢福义将"雪白"类比喻词看作形容词中的性状形容词。郭锐则干脆将"雪白"类和另外四类合在一起构成一个状态词类。因为这一类是"谓词中的剩余类，归不进动词、形容词的谓词都归进了状态词"[2]。陆俭明先生曾对形容词的分类有过详细清楚的论述。他认为这二者可以单列各自成为一类，也可以合并为形容词，形容词可继续分成性质形容词和状态形容词两类。因为："潮红、葱翠、雪白等词与普通形容词语法功能不同，但是意义上密不可分，所以可以把它们归入形容词的范畴内。"[3]为简便起见，笔者还是把这类词看成形容词，属于形容词中的状态形容词。

二、比喻新造词语的定量分析

短语的结构长短参差不齐，不利于进行构词分析，双音节复合词一直

---

[1] 赵元任. 汉语口语语法[M]. 北京：商务印书馆，1979：195.
[2] 郭锐. 现代汉语词类研究[M]. 北京：商务印书馆，2002：200.
[3] 陆俭明. 现代汉语语法研究教程[M]. 北京：北京大学出版社，2005：43.

在现代汉语词汇中具有重要地位,因此下面主要对双音节比喻词进行统计分析。比喻新造词语的词类基本上如上所述可归纳为三大词类:名词、动词、形容词。我们按词类对比喻新造词语进行计量分析。

（一）名词

双音节比喻名词一共有1461条,主要构词方式是定中式和联合式,约占双音节比喻新造名词的94.387%（1379条）。其中,"名+名"构成的定中式数量最多,占72.416%。"形+名"构成的定中式相比少得多,占7.871%。再次是"名+名"构成的联合式,占6.639%。最后是"动+名"构成的定中式,占6.091%。如果只从构词成分的词性来看,"X+名"构成名词的最多,占86.378%,其中"名+名"占76.722%。

"名+名"构成的定中式：

【碑额】碑的上端。也叫碑首或碑头。

【蝉衣】中药上指蝉蜕。

【冰刀】装在冰鞋底下的钢制的刀状物。有球刀、跑刀和花样刀三种。

【钉螺】螺的一种,卵生,壳圆锥形。生活在温带和亚热带的淡水里和陆地上。是传染血吸虫病的媒介。

"形+名"构成的定中式：

【蠢货】蠢材,笨家伙。（骂人的话）

【高枝儿】比喻高的职位或职位高的人：攀~｜巴~。

【飞涨】（物价、水势等）很快地上涨。

【黑窝】比喻坏人隐藏或干坏事的地方：掏~。

"名+名"构成的联合式：

【鞭毛】原生质伸出细胞外形成的鞭状物,一条或多条,有运动、摄食等作用。鞭毛虫以及各种动植物的精子等都有鞭毛。

【冰炭】比喻互相对立的两种事物：~不相容（比喻两种对立的事物不能并存）。

【冰轮】〈书〉指月亮。

【葛藤】比喻纠缠不清的关系。

第二章 比喻新造词语的构词规则

"动+名"构成的定中式：

【刨床】①金属切削机床，用于加工金属材料的平面和各种直线的成型面。②刨子上的木制部分。

【车床】常用的金属切削机床，主要用来做内圆、外圆和螺纹等成型面的加工。工作时工件旋转，车刀移动着切削。也叫旋床。

【隔山】指同父异母的兄弟姐妹之间的关系：~兄弟。

【滚雷】①声音连续不断的雷。②从高处滚放的能延时爆炸的地雷。

（二）**动词**

比喻新造动词的主要构词方式是动宾式、状中式和联合式，占总数的96.511%。主要的结构为"动+动"占15.349%，"动+名"占47.907%，"名+动"占31.86%，"形+动"占1.395%。

"动+动"：

【包孕】包含：她的信里~着无尽的思念之情。

【闭锁】①自然科学上指某个系统与外界隔绝，不相联系。②医学上旧指瓣膜等严密合拢：大动脉~不全。

【并吞】把别国的领土或别人的产业强行并入自己的范围内。

【蹈袭】走别人走过的老路；因袭：~前人｜~覆辙。

"动+名"：

【砭骨】刺人骨髓，形容使人感觉非常冷或疼痛非常剧烈：朔风~。

【撕票】绑票的匪徒因勒索金钱的要求没有得到满足，把掳去的人杀死，叫作撕票。

【附骥】蚊蝇附在好马的尾巴上，可以远行千里。比喻依附名人而出名。也说附骥尾。

【改辙】比喻改变办法。

"名+动"：

【冰释】像冰一样融化，比喻嫌隙、怀疑、误会等完全消除：涣然~。

【笔伐】用文字声讨：口诛~。

【壁立】（山崖等）像墙壁一样陡立：~千尺｜~的山峰。

【宾服】〈书〉服从；听服。

"形+动"：

【浅尝】不往深处研究（知识、问题等）：~辄止（刚入门就停止了钻研）。

【疯长】①农作物茎叶发育过旺，不结果实。②花卉枝叶长得很旺，不开花。

（三）形容词

比喻新造形容词的主要构词方式是状中式，共109条，主要构词方式是"名+形"，占85.321%。

"名+形"：

【冰凉】（物体）很凉：浑身~｜~的酸梅汤。

【潮红】两颊泛起的红色。

【葱翠】（草木）青翠：群山~｜~的竹林。

【金贵】珍贵；贵重：东西越稀少越~｜这里水比油还~。

三、双音节比喻新造词构词方式

现代汉语词的构词方式有：联合式、偏正式、动宾式、中补式、主谓式五种。在古代汉语中，我们可以清楚地看到汉语构词法在比喻词语中的烙印。如：

（一）偏正式

石民：像柱石那样的人民，指能坚守本业，对国家有重要作用的人。《管子·小匡》："士农工商四民者，国之石民也。"尹知章注云："四者国之本，犹柱之石也，故曰石民也。"

瓦合：①勉强凑合。②临时拼凑起来的。出自《礼记》："儒有博学而不穷，笃行而不倦；幽居而不淫，上通而不困；礼之以和为贵，忠信之美，优游之法，慕贤而容众，毁方而瓦合。其宽裕有如此者。"

虱官：指害国民的人或弊病。出自《商君书》："国强而不战，毒输於内，礼乐虱官生，必削；国遂战，毒输於敌国，无礼乐虱官，必强。举劳任功曰强，虱官生必削。农少商多，贵人贫、商贫、农贫，三官贫，必削。"

尸居：①像死尸一样安居。比喻安居而无为。②指徒居其位而不尽职。③形容人暮气沉沉无所作为或即将死去。出自《庄子》："故君子苟能无解其五藏，无擢其聪明；尸居而龙见，渊默而雷声，神动而天随，从容无为而万物炊累焉。"

深墨：颜色深黑如墨。形容哀痛的样子。出自《孟子》。

（二）联合式

"社稷"：联称用来喻指"国家"。《周易·第五十一卦》："震，亨。震来虩虩，笑言哑哑。震惊百里，不丧匕鬯。彖曰：震，亨。震来虩虩，恐致福也。笑言哑哑，后有则也。震惊百里，惊远而惧迩也。出可以守宗庙社稷。"

韦弦：韦性柔，比喻缓；弦紧，比喻急。出自《韩非子·观行》。

虺蜴：虺蛇和蜥蜴。虺蜴都是毒螫之虫，用以比喻肆意害人者。出自《诗经·小雅》。

（三）动宾式

探汤：因探沸水而把手烫伤。比喻戒惧。出自《论语》。

舐痔：比喻极卑劣的谄媚行为。出自《庄子》。

拾沈：拾捡汁水，比喻不可能办到。出自《左传》。

（四）主谓式

子来：人心归附，如子女趋事父母而自来。出自《诗经》。

目前，没有在先秦发现中补式结构的比喻词语。

第二节　比喻新造词语构词规则

那么，现代汉语中比喻词语的构词方式是什么样的呢？其中又蕴含着什么样的构词规则？下面我们将通过整理半喻式的比喻词语构词法来归纳出答案。

为了清晰显示比喻新造词的构词方式特点，我们以1994年清华大学计算机系对汉语二字复合词的构造规则的统计做参照。

1994年清华大学计算机系以10442个语素的属性描述为基础，[1]对汉语二字复合词的构造规则进行了统计分析。由这些语素构成的二字词共43097个，其中，名词占51.1%，动词占36.4%，形容词占7.6%。通过进一步统计分析，发现这三类词各有不同的构词规律。

名词的主要构词方式是定中式和联合式，约占二字组名词的90%。其中，"名+名"构成的定中式数量最多，占46.7%；"形+名"构成的定中式次之，占20.6%；再次是"动+名"构成的定中式和"名+名"构成的联合式。如果只从构词成分的词性来看，"X+名"构成名词的最多，占89.8%，其中"名+名"占57.2%。

动词的主要构词方式为联合式、述宾式和状中式，占总数的90.1%。主要是："动+动"占44.7%，"动+名"占34.1%，"形+动"占7.2%，合计占96%。

形容词的主要构词方式为联合式，占62.5%。主要是"形+形"，占67.3%。其他的类型很少。

为清楚起见，我们用表格表示：

名词	构词方式	双音节	名+名	形+名	动+名
名词（清华大学）	定中	90%	46.70%	20.60%	
	联合				
名词（比喻）	定中	94.39%	72.42%	7.87%	6.09%
	联合		6.64%		
	其他	5.61%			

---

[1] 苑春法，黄昌宁. 基于语素数据库的汉语语素及构词研究[J]，世界汉语教学. 1998，2.

第二章 比喻新造词语的构词规则

动词	构词方式	双音节	动+动	动+名	形+动	名+动
动词（清华大学）	动宾	90.10%	44.70%	34.10%		
	联合					
	状中				7.20%	
动词（比喻）	动宾	96.51%	15.35%	47.91%		
	联合					
	状中				1.40%	31.86%

形容词	构词方式	双音节	形+形	名+形
形容词（清华大学）	联合	62.50%	67.30%	
动词（比喻）	状中			85.32%

何元建、王玲玲[1]提出汉语复合词有真假之分："汉语中的假复合词有三种：（1）句法结构因为具备双音节的形式经过历时演变为词根。（2）词结构因为具备双音节的形式经过历时演变为词根。（3）'句法+词法'的混合结构。句法结构演变的词根和混合结构都不是纯粹的词结构，而是假复合词。……词结构如果具备双音节的形式，也可能演变为词根，也成为假复合词。这包括双音节的VS型、OV型，以及偏正、述补、量补及联合式。"

按照这种说法，比喻词语中的相当一部分属于假复合词，这类词在认知与学习上，需要花更多的时间。"所有双音节的假复合词，都必须一个一个地来学习，一个一个地来记。因为双音节词常常就是真复合词的构词成分，如果记不住双音节词，有关的真复合词也就学不好。当然，如果记住了一定数量的双音节词，真复合词学起来应该比混合结构容易，因为真复合词只涉及构词规则，而混合结构需要句法和构词双重规则。"[2]

针对比喻词语学习和记忆的困难问题，我们根据上面表格所示总结比喻新造词语的部分构词规律：

1. 名词

（1）内部结构为"名+名"的联合式双音词。这一类数量不多，约占

---

[1] 何元建，王玲玲. 真假复合词[J]. 语言教学与研究，2005，5.
[2] 何元建，王玲玲. 真假复合词[J]. 语言教学与研究，2005，5.

全部比喻名词的6.64%。如：

【鞭毛】原生质伸出细胞外形成的鞭状物，一条或多条，有运动、摄食等作用。

【冰炭】比喻互相对立的两种事物。

【葛藤】比喻纠缠不清的关系。

【冰轮】<书>指月亮。

"鞭毛"既不是鞭，也不是毛，而是用这两种事物比喻一种新的事物；"冰炭"用冰和炭两种事物比喻对立；"葛藤"用两种都有缠绕特点的植物来作喻；"冰轮"也不是说"冰一样的轮子"，而是说月亮给人的感觉像冰一样冷，形状像轮子一样圆。所以它们是联合式的比喻词。从表中看，普通名词是没有这样的结构的，普通名词中最常见的是定中结构。那么我们可以推断：凡是内部结构为"名+名"联合式的双音词，都是比喻词。

（2）内部结构为定中式"动+名"的比喻词，这一类词约占全部比喻名词的6.09%。如：

【触手】水螅等低等动物的感觉器官，多生在口旁，形状像丝或手指，可以用来捕食。

【刨花】刨木料时刨下来的薄片，多呈卷状。

【割枪】气割用的带活门的工具，形状略像枪，前端有喷嘴。

其他如刨床、触须、吊盘（建造竖井时，悬吊在井筒中可以升降的工作台）、削壁等。该类词中，前置动词性语素为修饰、限定性成分，后置名词性语素用的不是本义而是比喻义。

2. 动词

内部结构为"名+动"的双音节词，一般都是比喻词。这一类词占全部比喻词的31.86%。如：

【冰释】像冰一样溶化。比喻嫌隙、怀疑、误会等完全消除。

【龟缩】比喻像乌龟的头缩在甲壳内一样，躲藏在里面不出来。

【蛰居】像动物冬眠一样长期躲在一个地方，不出头露面。

其他如：棋布、轮回、鲸吞、雀跃、蜂聚、捋战、手谈（下围棋）、舌耕、笔伐、笔耕等。这一类词源自古代的状中结构，由于比喻的渗入而使它们在后代凝固成词。

3. 形容词

内部结构为"名+形"的状态形容词，大多是比喻词。普通形容词没有这一结构，这种结构在比喻形容词里面却占相当大的比例，有85.32%。如：

【肤泛】浮浅空泛。

【雪亮】像雪那样明亮。

其他如冰凉、弩钝、草绿、漆黑、蛋青、海蓝、金贵、蜡黄、枣红、杏红等。这类词来自"一部分古代汉语特有的语法方式，它们在现代汉语里已不是习用的句法结构，已经没有造句功能，但在构词法中还有较高的能产量"。

以上是笔者所归纳的比喻词的部分构词规则，比喻词规则对于比喻词研究与学习具有重要的意义。但是也应该看到，符合该构词规则的比喻词数量较少，能产性有限，不能涵盖所有的比喻词，所以相关研究仍然任重而道远，期待后来者进一步探索。

第三章 比喻新造词语中比喻语素义的形成

比喻语素义是前人较少谈到的一类比喻义，通常谈到的是转义中的比喻义项或者由全喻造词形成的比喻义。杨润陆曾指出："喻指语素作为构词的重要理据和理解词义的支点，在一定条件下由比喻用法形成词汇意义，对于语素义的发展乃至词汇的发展都具有重要的意义。"[①]本章即探讨比喻新造词语中比喻语素义的形成，通过相关研究引起学界对该类语素义的重视。

第一节 比喻语素义构词特点

语素是最小的音义结合体。它是构词的重要材料。比喻新造词同样具有能产性，这主要表现在它能够生成新的语素义。受结构主义影响，语法上确立语素往往采用"替换法"。含有比喻意义的语素不能够被轻易替换，所以这种方法不适用于比喻新造词。

比喻新造词语分为全喻词语、前喻词语、后喻词语，后两者可合称为半喻词语。比喻语素义通过在半喻式词语中产生，包括前喻和后喻。

据仲崇山[②]，在比喻词语中，词义和语素义的关系可以分为以下几种类型：

①Z=（C1的比喻义）+C2，这表示词义等于第一个语素义的比喻义加上第二个语素的意义。例如：

---

① 杨润陆. 由比喻造词形成的语素义[J]. 中国语文，2004，6.
② 仲崇山. 构成词的语素义的关系补论[J]. 佳木斯大学社会科学学报，2002，2.

第三章 比喻新造词语中比喻语素义的形成

【鳞伤】形容伤痕像鱼鳞一样多。

【鲸吞】像鲸鱼一样地吞食,多用来比喻吞并土地。

"鳞"和"鲸"都是语素义的比喻用法。

②Z=C1+(C2的比喻义),这表示词义等于第一个语素的意义与第二个语素义的比喻义之和。如:

【云海】从高处下望时,像海一样的云。

【火网】弹道纵横交织的密集火力。

"海"和"网"都是语素义的比喻用法。

③Z=(C1+C2)的比喻义,这表示词义等于两个语素义之和的比喻义。例如:

【雨露】雨和露,比喻恩惠。

【青云】比喻显要的地位。

"雨露""青云"都是语素加合义的比喻义,当然"雨"和"露"每个语素本身并无"恩惠"义,尽管有"及时雨"之类的说法。这类例子数量较多,又如:

涓埃、枢纽、泰斗、霄壤、鹰犬、筛糠、蛇足、温床、下马、腰斩。

在语素组合时,通过比喻可以形成语素的超常规搭配。另外,形成的语素义较易分离,具有独立的身份,这为以后和其他词语搭配奠定了基础。这两点决定了半喻式词语是比喻语素义生长的有益土壤。

仲崇山认为词义和语素义的关系还包括这一类:

Z=〔(C1+C2)的融合义〕的比喻义,这表示词义等于两个语素义融合(不是加合)之后所形成的意义的比喻义。例如:

【搁浅】①(船只)进入水浅的地方,不能行驶。②比喻事情遭到阻碍不能进行。

【流产】

①怀孕后,胎儿未满28周就产出。②比喻事情在酝酿或进行中遭到挫折而不能实现。

这一类型的比喻义是通过原词的意义比喻而来,应属于扩展词语而不是新造词语。在此我们不对它进行讨论。

第二节 比喻语素义形成一般条件

一、构词频率高的比喻语素

简单说，基本词、常用词、多义词降级形成的比喻语素，构词频率越高，比喻语素义的地位就越稳固。根据我们对双音节比喻新造词的统计，前喻式比喻新造词语作为喻体语素使用频率最高的分别是：

黑（12次）、母（12次）、板（11次）、虎（10次）、云（9次）、火（8次）、铁（8次）、子（8次）。

这些语素都获得了新的比喻语素义，并且地位得到了确认，具体表现就是在字目下列出相应的意义，例如：

【黑】③秘密；非法的；不公开的：~话｜~户｜~社会。④坏；狠毒：~心。

【母】⑤有产生出其他事物的能力或作用的：工作~机｜失败乃成功之~。

【板】⑦硬得像板子似的：地~了，锄不下去。

【虎】②比喻勇猛威武：~将｜~~有生气。

【火】③火气：上~｜败~。④形容红色：~鸡｜~腿。⑤比喻紧急：~速｜~急。⑥（~儿）比喻暴躁或愤怒：~性｜冒~｜心头~起｜他~了。⑦兴旺；兴隆：买卖很~。

后喻式比喻新造词语作为喻体语素使用频率最高的分别是：

花（25次）、床（23次）、盘（13次）、门（12次）、眼（12次）、斗（11次）、脚（11次）、海（10次）、针（9次）。

同样，在字目下，可以查到这些字的比喻义，这说明它们作为比喻语素义已经固定下来：

【花】③（~儿）形状像花朵的东西：灯~儿｜火~｜雪~。

【床】②像床的器具：冰~｜机~。③某些像床的地面：苗~｜河~。

【盘】③(~儿)形状或功用像盘子的东西：磨~丨算~丨字~丨棋~丨◇地~。

【门】④形状或作用像门的：电~丨水~丨气~丨闸~丨球~。

【眼】②(~儿)小洞；窟窿：泉~丨炮~丨拿针扎一个~儿。

【斗】③(~儿)形状略像斗的东西：漏~丨风~儿丨烟~。

使用频率低的语素则稳定性较差：

如前喻式中以下比喻语素使用频率只有两次单音节语素：

藕(2次)、蜡(2次)、兰(2次)、流(2次)、柳(2次)、螺(2次)、马(2次)、苗(2次)、鸟(2次)。

这些语素义在本字目下大多没有设立比喻义项，这说明还没有形成稳定的比喻语素义。

二、后喻式更易形成语素义

后喻式中以下比喻语素使用频率只有两次：

米(2次)、裙(2次)、货(2次)、剪(2次)、颈(2次)、口(2次)、蜡(2次)、浪(2次)、泪(2次)、帘(2次)、铃(2次)、花1(2次)、门1(2次)、猴2(2次)、眠(2次)、绵(2次)、魔(2次)。

这些语素基本上都形成了语素义，词典里字目下都设立了相应的义项，如：

【米】③小粒像米的东西：海~丨~兰。

【裙】②形状或作用像裙子的东西：围~丨墙~。

【货】③指人(骂人的话)：笨~丨蠢~。

【剪】②形状像剪刀的器具：夹~丨火~。

【颈】颈项：长~鹿丨◇曲~甑。

【口】④(~儿)容器通外面的地方：瓶子~儿丨碗~儿。

【浪】②像波浪起伏的东西：波~丨声~。

【泪】眼泪；泪液：~痕丨~如雨下丨◇烛~。

17个语素中,有14个语素设立了独立义项;只有3个语素蜡、帘、马,词典中没有设立独立义项。这说明使用频率为2次的后喻式词语中的比喻语素大部分都能够形成新的语素义。

为了证实后喻式语素更易形成语素义,笔者在数据库中依次选取出现3次、4次、5次、6次、7次、8次、9次、10次、11次的后喻式语素,观察这些语素是否形成独立的语素义:

语(3次)、牛(3次)、战(4次)、母(4次)、池(5次)、马(5次)、柄(6次)、根(6次)、网(7次)、柱(7次)、球(8次)、火(8次)、坛(9次)、针(9次)、海(10次)、脚(11次)。

结果如下:

【语】④代替语言表示意思的动作或方式:手~|旗~|灯~。

【牛】②比喻固执或骄傲:~气|~脾气。

【战】①战争;战斗:宣~|停~|持久~|◇商~。

【池】②旁边高中间洼的地方:花~|乐~。

【柄】③比喻在言行上被人抓住的材料:话~|笑~|把~。

【根】③(~儿)物体的下部或某部分和其他东西连着的地方:耳~|舌~|墙~|~基|~底。

【网】②像网的东西:发~|蜘蛛~|电~。③像网一样纵横交错的组织或系统:通信~|交通~|灌溉~|宣传~。⑤像网似的笼罩着:眼里~着红丝。

【柱】②像柱子的东西:水~|花~|脊~。

【球】②(~儿)球形或接近球形的物体:煤~儿|棉~。

【火】③火气:上~|败~。④形容红色:~鸡|~腿。⑤比喻紧急:~速|~急。⑥(~儿)比喻暴躁或愤怒:~性|冒~|心头~起|他~了。⑦兴旺;兴隆:买卖很~。

【坛】④指文艺界或体育界:文~|诗~|影~|球~。

【针】②细长像针的东西:松~|指南~|表上有时~、分~和秒~。

【海】②比喻连成一大片的很多同类事物:人~|火~。③大的(器

皿或容量等）：~碗｜~量｜◇夸下~口。

【脚】②东西的最下部：墙~｜山~｜高~杯。

后喻式的比喻语素在字目下都设立单独义项，这表明它们已经具备了独立语素资格。这些语素义，有的直接用"比喻"来表示，有的则去掉"比喻"，还有的加上"◇"表示还不稳固。

三、比喻性质而非状态的语素更易形成语素义

比拟形状的喻指语素一般不容易形成语素义。如果形成了语素义，往往因为构词频率较高。如：

构成斗车、斗胆、斗方、斗箕、斗笠、斗室等词的"斗"，指"形状略像斗的东西"；构成梯队、梯河、梯田等词的"梯"，指"形状像楼梯的"；构成牙轮、牙石、牙旗等词的"牙"，指"形状像牙齿的东西"；构成月琴、月饼等词的"月"，指"形状像月亮的；圆的"；等等。这些喻指语素由于出现频率较高，具有系列性，所以从中提炼出了新语素义。大多数还是被人们看作修辞用法，如犬齿、虎牙、兔唇、蛾眉、柳腰、杏眼、腰果、狼狗、猫熊、蛙泳、箭竹、剑麻、蚕豆、凤梨、胆瓶等词中喻指的语素，在《现代汉语词典》中都没有设立义项。有些时候，《现代汉语词典》会说明理据，如"扇贝"，解释为"壳略作扇形"。

比拟性质的喻指语素则较为容易形成新语素义。如：

"虎"在虎将、虎威、虎步、虎气等词中比喻"勇猛威武"；"玉"在玉颜、玉兔、玉宇、玉兰、玉米等词中"比喻洁白美丽"；"子"在子城、子堤、子埝、子金、子弦、子音等词中"比喻派生的、附属的"；"兽"在兽心、兽行、兽欲、兽性等词中"比喻野蛮、下流"。

以上是能够成系列的，不能成系列的如：

"筋"在钢筋中喻指"像筋的东西"，"筋"在人体内，一般是看不见的，也没有具体确定的形状，所以这个是性状的比拟。再如："信"在信风（风的方向很少改变，叫作信风）中的含义并不是形似，而是取"信"的性质：来回固定不变。

"鼓"能够敲击，并发出声音，这是它的性质。"耳鼓"的创造即来源于此。"蝉"，它的生命时间极短，只有一夏，所以古人有"夏蝉不可语冰"的说法。词语"噤若寒蝉"也取自蝉所具有的特点属性。

能否形成新的语素义，有时是由以上的一条原因决定，有时则是综合作用的结果。判断的时候就需要综合考量。

四、比喻新造词语研究小结

比喻词语在历史上很早就已出现。现存的比喻词语结构形式在先秦时期大都已经具备。那种关于后喻式词语火海、驼鹿等属于正偏式结构、属于明喻类型的认识并不正确。

从共时的角度看，比喻新造词语的词长以双音节为主，四音节位居第二，三音节则位居第三，五音节以上则相对更少。从历时的角度看，近代是一个分水岭，比喻新造词语长期以来以双音节占优势，这种情况在近代受到挑战，四音节的数量甚至超过了双音节，居于首位。今天现代汉语中积淀的三音节比喻新造词语也大部分来自近代。

在比喻新造词语中，全喻式的数量最多，其后依次为后喻式、前喻式。全喻式表义更为间接，给人们更大的想象空间。

比喻新造词语的构词规律：内部结构为"名+形"的形容词性双音节词，大多是比喻新造词；内部结构为"名+动"的双音节词，一般都是比喻新造词；内部结构为"名+名"的双音节词，大多是比喻新造词；除此外，还有一类也可以从形式上判断出比喻来："动/形+如+名"的四音节模式。

比喻语素义的形成需要以下条件：一般是由半喻式——前喻或后喻式当中的比喻语素决定的。构词频率高的语素，后喻式更易形成语素义，用来比拟性质而非状态的语素更易形成语素义。

第四章 比喻扩展词语

借用比喻滋生新的词语意义，是多义词产生的重要手段之一，这在各国语言当中都是一样的。比如，希腊语：hippopotamus（河马），字面义是"河中马"（a river horse），hippos是"马"，potamos是"河"。同样leopard是"一只狮虎"，希腊文的leon是"狮子"，而ardos是"老虎"。英语：eye，眼睛，喻指眼光；cool，凉的，喻指不热情的，冷冰冰的；flaw，裂隙，喻指缺点，等等。作为丰富词义系统、同时又避免扩大词汇数量的滋生新义方式，比喻扩展词语在词义系统中占据一席之地。本章开始，我们力图对比喻扩展词语做一全面的描写。

第一节 比喻扩展词语判定

一、比喻扩展词语定义

在实际的言语活动中，为了适应人类表达和交流思想的需要，同时也为了限制新词无限生成增加人们的记忆负担，词义在不改变或很少改变自己的语音形式的条件下，不断地变动自己的语义范围，滋生出新的含义，形成词义上的差异，从而构成了词的本义、引申义、比喻义等多种意义纵横交错的复杂的语义网络。[1]

就已有语词通过比喻手段扩展义项就是比喻扩展词。比喻义（metaphoric meaning）指词原有某义，后因比喻而新衍生出的意义。例如：

---

[1] 徐时仪. 古白话词汇研究论稿[M]. 上海：上海教育出版社，2000：362.

"暗礁",原来指海面、江河中不露出水面的礁石,是航行的障碍,后比喻事情在进行中遇到的潜伏的障碍;"把柄"原是器物上便于用手拿的部分,后来比喻可以被人用来进行要挟的过失或错误等。

有时候,新的比喻义的词性会发生变化:

【斧凿】原指斧子和凿子,后来喻指诗文词句造作,不自然,如~痕。

【钢铁】原是钢和铁的合称,有时专指钢。因其坚硬,所以后来喻指坚强:~战士。

还包括这样的词,尽管词典中没有标出"比喻"字样,但是从后起义和本义中仍可看出相似点,衍生关系明显是比喻的,如:

【饱尝】原指充分品尝,后来指长期经受或体验。

【残局】原指棋(一般是象棋)下到快要结束时的局面,后来指事情失败后或社会变乱后的局面:收拾~;维持~。

凡是本义经过相似联想而产生的意义就是比喻义。这样的词语就是比喻扩展词语。

二、比喻扩展词语的确定

笔者所选择的是《现代汉语词典》中通过比喻而使意义发生扩展的词语。这类词语的意义具有一定的凝固性。词义扩展,义项自然也就增多,一般说来,比喻扩展词至少有两个义项:一个是本义,一个是比喻义。如:

【台阶】①用砖、石、混凝土等筑成的一级一级供人上下的建筑物,多在大门前或坡道上。②比喻避免因僵持而受窘的途径或机会。

【转轴】①能转动的轴。②<方>比喻主意或心眼儿。

【疮疤】①疮好了以后留下的疤:背上有一块~。②比喻痛苦、短处或隐私:别老揭人的~。

【床子】①机床。②〈方〉像床的货架:菜~|羊肉~。

【并肩】①肩挨着肩:他们~在河边走着。②比喻行动一致,共同努

第四章 比喻扩展词语

力：~作战。

【搏斗】①徒手或用刀、棒等激烈地对打：用刺刀跟敌人~。②比喻激烈地斗争：与暴风雪~｜这是一场新旧思想的大~。

有时义项的数量不止两个：

【高潮】①在潮的一个涨落周期内，水面上升的最高潮位。②比喻事物高度发展的阶段。③小说、戏剧、电影情节中矛盾发展的顶点。

【板眼】①民族音乐和戏曲中的节拍，每小节中最强的拍子叫板，其余的拍子叫眼。如一板三眼（四拍子）、一板一眼（二拍子）。②比喻条理和层次：他说话做事都很有~。③〈方〉比喻办法、主意等：在我们班里，数他~多。

【窟窿】①洞；孔：冰~｜老鼠~｜鞋底磨了个大~。②比喻亏空。③比喻漏洞、破绽：堵住税收工作中的~。

【机关】①整个机械的关键部分。②用机械控制的。③周密而巧妙的计谋。

【苦水】①因患某种疾病而从口中吐出的苦的液体，通常是消化液和食物的混合物。②比喻心中藏的痛苦：在控诉大会上倒~。

两个或两个以上义项的词语，由于释义中直接包括了本义与比喻义，所以比较容易判断。除此外，比喻扩展词语还包括一个义项的情况。比如：

在同一义项内标出本义和比喻义的，如：

【琴瑟】琴和瑟两种乐器一起合奏，声音和谐，用来比喻融洽的感情（多用于夫妇）：~甚笃。

【饭囊】装饭的口袋。比喻没有用的人：~衣架（比喻庸碌无能的人）。

【豢养】喂养（牲畜）。比喻收买并利用。

这些词的本义和比喻义没有分列开来，并作为一个义项。但是经过笔者实际检验，本义仍然在使用：

琴瑟：

①本报讯 2月13日晚，中央民族乐团音乐厅内[琴瑟]悠扬，北京日坛小学小荷儿童民族乐团和台湾高雄市前金国民中学联……

【当代\人民日报\1995\Rm9502a.txt】

②特别是成功地塑造了"智慧的化身"诸葛亮决胜于笙箫夹鼓、[琴瑟]间钟之间,更令观众为之倾倒。

【当代\人民日报\1995\Rm9503a.txt】

③这儿走着走着,会听到像发自天穹、出自后土的中华民族数千年前的[琴瑟]吟咏之韵,铁马金戈之声;但你会为不能看到数千年这儿的真实景象而遗憾。

【当代\人民日报\1995\Rm9507a.txt】

饭囊:

我们发现有一群乞丐也背着菜笼、乐器、[饭囊]停在那儿,准备过夜。

【当代\读者\读者(合订本).txt】

豢养:

①船在湖上移动,看捉鱼人从"老乌"嘴中抠鱼(老乌是一种由渔夫[豢养]的黑羽大鸟,主人将其颈脖下端用绳子扎住,放飞水中,鱼入鸟嘴但吞不到腹中,渔人坐收其鱼),那是太够味儿了。

【当代\人民日报\1995\Rm9503b.txt】

②有时,有的单位甚至还放出他们[豢养]的大狼狗咬人。

【当代\人民日报\1995\Rm9506a.txt】

③试看你所[豢养]的猫怎样用面颊蹭你的腿以示欢迎。

【当代\读者\读者(合订本).txt】

以上词语经验证,后起义是在本义的基础上通过比喻形成的,所以这一类仍属于比喻扩展词语。

在同一义项内只标出比喻义的:

【暗箭】比喻暗中伤人的行为或诡计:明枪易躲,~难防。

【对症下药】比喻针对具体情况决定解决问题的办法。

【沟沟坎坎】比喻遇到的困难或障碍。

这一类词的本义是不是比喻义产生的基础,需要进一步验证:

暗箭:

①他到时,小将引兵和他交锋,佯败诱他来追,公可用[暗箭]射之。

第四章 比喻扩展词语

【明\小说\三国演义（上）.txt】

②贼将怎敢放[暗箭]，教他认我一箭！

【明\小说\水浒全传（下）.txt】

对症下药：

①一被蛇咬伤，一定要抓住这条蛇到医院给医生看，才能[对症下药]。

【当代\人民日\1996\96News05.txt】

②与西医相比，中医能够做到处方因人而异，[对症下药]，令西医望尘莫及，所以中药、针灸、推拿及按摩等很受欢迎。

【当代\人民日报\1996\96News09.txt】

③因此，治疗糖尿病应[对症下药]，以补肾、养阴、生津、润燥、消热为主。

【当代\市场报\市场报\1994B.txt】

沟沟坎坎：

①刺骨的寒风中，孙士元领着"一班人"踏遍了全村的山山水水、[沟沟坎坎]，集思广益，他们制订了一个科学的以整山治水为重点的综合开发治理方案。

【当代\人民日报\1995\Rm9501a.txt】

②因为这里的海拔太高，氧气太少，路边[沟沟坎坎]里，到处是遗弃的车辆和物资。

【当代\人民日报\1996\96News07.txt】

上面所举的例子都是该词本义使用情况。"暗箭""对症下药""沟沟坎坎"的本义或在古代汉语中，或在现代汉语方言，或在现代汉语普通话中曾经存在，只是在今天已经不常用了，或者只在固定搭配中出现。由于本义曾经出现，并且是比喻义生成的基础，因此我们仍旧把词典中没有标出本义的这一类词归入比喻扩展词语当中。

与此相似的这类词应该排除在外：

【覆辙】翻过车的道路，比喻曾经失败的做法：重蹈~。

【附骥】蚊蝇附在好马的尾巴上，可以远行千里。比喻依附名人而出名。也说附骥尾。

081

这类词释义的前半部分含有对词字面的解释。那么可不可以算作本义呢？对此，我们在古代的文献典籍上做了检索①。

"覆辙"最早出现在《南齐书卷三十九·列传第二十》：

陛下诚前轨之失，加之以宽厚，虽危可安；若循其覆辙，虽安必危矣。

"覆辙"与"前轨"相对，都是比喻义。后世承袭了此义：

萧洪之恶迹未远，萧本之覆辙相寻，弘之本末，尤更乖戾。（《旧唐书卷五二·列传第二》）

"附骥"一词最早出现在《史记·伯夷列传》中："颜渊虽笃学，附骥尾而行益显。"索隐云："喻因孔子而名彰。"②

再如：

方其鼓刀屠狗卖缯之时，岂自知附骥之尾，垂名汉廷，德流子孙哉？
【04西汉\史书\史记.TXT文章标题：史记】

俟破贼立功，庶可附骥尾以成名耳。
【13明\小说\今古奇观（上）.txt】

原来是"附骥（之）尾"，后来截缩成"附骥"。

客行有苦乐。但问客何行。扳龙不待翼。附骥绝尘冥。梁珪分楚牧。羽鹢指全荆。云舻掩江汜。千里被连旌。（唐《艺文类聚》）

若如此便起，若不依我，我也不敢附骥了。
（《红楼梦·第三十七回》）

可见，"附骥"从出现时起，就伴随着比喻。它的本义并不存在，因此，它属于新造词而非扩展词。

这一类大都需要加以检验，不过数量并不多，检验起来相对容易一些。

---

① 北京大学CCL语料库检索。
② 《法言义疏十六》，汉籍全文检索系统。

第二节　比喻义和引申义

一、比喻义和引申义的关系

引申义和比喻义历来说法不一。

国内从事汉语工作的学者对词义衍生的描写大致有两种观点。

一种常见的观点是：比喻义属于引申义中的一种。如《中国大百科全书·语言文字卷》对引申义和比喻义分别做了如下的解释：

引申义（transferred meaning）：由一个词的本义引申发展出来的相关的意义，例如"生"，《说文》："像草木生出土上"；《广雅·释诂二》："生，出也。"这是"生"的基本意义，也可以说是"生"的本义，由这个本义引申而有生养、生产、生活、生命等义。又如"徒"，《说文》："步行也。"这是"徒"的基本意义，步行就是不乘车，古时步兵也称为徒兵。引申之，"徒"又训为"空"，如说家徒四壁、徒劳无功等。引申义通常是对本义来说的，引申义必然跟本义在意念上有一定的联系，否则不能称之为引申义。

比喻义（metaphoric meaning）：就汉字（词）原有的某义因比喻而产生的意义，比喻义也是一种引申义。例如"轮"是有辐的车轮，是能转动的，由此而产生轮班、轮换、轮流的意义，由名词转为动词，是比喻义。同样，鼓是一种乐器，形圆而中空，本义是名词，而用为"凸出、高起"的意义，如鼓出来鼓起来，转为动词，那也是一种比喻。又如"灰心"一词，出于《庄子·齐物论》："形固可使如槁木，而心固可使如死灰乎？"人的意绪消沉，有如死灰，因而说"灰心"，这也是一种比喻。语词的词义出于比喻的，在双音词里比较多，如"眉目"指端绪、"荆棘"比喻困难重重、"机械"比喻死板等都是。

另外一种常见观点是：比喻义和引申义没有包含关系，它们是并列存在的。

如黄伯荣、廖序东认为：有的词有几个义项，几个义项之间的地位并不是平等的，其中至少有一个义项是基本的、常用的；其他义项一般是由这个义项直接或间接地发展转化而来的。前者叫作基本义，后者叫作转义。……词的转义主要是通过引申和比喻两种方法产生的。在基本义的基础上经过推演发展而产生的意义是引申义。如"跑"的基本义是"两只脚或四条腿迅速前进"的意思，继而推演出"物体离开了应该在的位置"（如跑油、跑走）的意思。借用一个词的基本义来比喻另一种事物，这时所产生的新的意义是比喻义。如"帽子"的基本义是"戴在头上保暖、防雨、遮日光等或做装饰的用品"，后来用它比喻"罪名和坏的名义"，如"对同志乱扣帽子是不对的"中的"帽子"。

两种观点长期共存，导致了人们对引申义与比喻义的分歧。目前看来，更多的人倾向于引申义包含比喻义的观点，如高名凯、石安石[①]、洪成玉[②]（1985）、苏宝荣、宋永培（1987）[③]等。陆宗达、王宁说得更为具体："比喻义的产生实际根源于同状的引申。两物或外形相同，或情态、用途、特征相似，便可以甲喻乙。因此比喻而相关，便产生引申关系，试举树木的各部分为例：'本'，本义是树木的根。如《周语·晋语》：'伐木不自其本，必复生。'人们常用树木的根来比喻根本、本质、本源等意义。《论语·学而》'君子务本，本立而道生'即此义。"也就是说，比喻义也是词义引申的一类。[④]

后一种观点（即引申义与比喻义地位并列）如周光庆（1989）提出

---

① 高名凯、石安石主编《语言学概论》，中华书局1963年版：一词多义现象是通过引申和比喻的方式产生的。引申就是某一意义的推衍。……比喻是一种特殊的引申，指的是打比方，通过打比方而产生新的意义。例如"地下"原来指的只是地层下面的意思，后来用它来比喻"隐藏在敌人势力范围内进行活动的方式或状态"，如"地下工作"。"铁"原来指一种金属，后来用来比喻"坚硬""不可变动"，如"铁蚕豆""铁的纪律"。

② 洪成玉（1985）认为引申义包括：（1）类比。即用表示具体事物的意义去类比抽象事物。（2）演化。指词由本义逐渐演化出的意义。①从表示工具或处所的词义演化出使用这种工具或处所者的词义。②从表示行为的词义演化出与这种行为有关的词义。③从表示原料的词义演化出表示成品的词义。（3）喻代。是用表示某一事物特征的词比喻或指代表示事物全体或类似特征的词。

③ 苏宝荣、宋永培（1987）谈道："提到词的比喻性引申，集中体现了词义'由具体到抽象'的转化，是词义引申、演变的主要形式。"

④ 陆宗达，王宁. 训诂与训诂学[M]. 太原：山西教育出版社，1994.

词义派生的方式，概而言之，主要有比喻的方式、借代的方式和引申的方式。

对两种观点产生的原因以及后果，兰宾汉[①]做了这样的阐述：

"普遍认为，引申义是在基本义的基础上推演发展而产生的，比喻义是借用一个词的基本义来比喻另一种事物所产生的。逻辑划分的基本要求是划分出的子项是不相容的。'推演发展'是一种笼统含混的提法，它的外延很模糊，从意义上说，借助比喻产生新义也应该是对基本义的'推演发展'，这样，作为派生义的引申义与比喻义就成了包容关系。由于概念的含混不清，这两个术语在使用层次上很不一致，有人将引申义与派生义看作同一个概念，将比喻义列为引申义的下位类型，有人将引申义与比喻义看作两个同级概念，均属派生义。后一种看法虽然比较流行，但存在着明显的不足。因为引申义与比喻义作为同级概念，实际上是以是否运用比喻产生新义为标准划分出来的，既然如此，'引申义'不如称为'非比喻义'更准确一些。但这又出现了新的问题，将丰富多样的非比喻义作为整体与比喻义看作同级概念，一方面过分强调了比喻义，另一方面也模糊了词义之间多种多样的类别特点，因为引申义的类型是相当多的。为了准确地解释和理解词义，必须对词义的派生义做科学细致的分类。"

蒋绍愚[②]、邵正业[③]的分析提供了新的思路。

蒋绍愚认为：引申分为直接引申和间接引申，如果是直接引申，那么旧义与新义之间总有共同的义素，但一般说来不会是旧义的全部义素整个地进入新义；如果是间接引申，那么旧义与新义之间可能没有共同的义素。

邵正业做了进一步的分析，把引申分为五类，对词义发展到什么程度才算新词做了回答：（1）扩大：中心义素不变，限定性义素减少。如好（女子貌佳）——佳。（2）缩小：中心义素不变，限定性义素增加。如臭（气味）——不良的气味。（3）易位：中心义素不变，限定性义素改变。如狂（狗发疯）——人发疯。（4）转移：中心义素改变，限定性义素不

---

① 兰宾汉. 语义派生与释义[J]. 辞书研究, 2003, 4.
② 蒋绍愚. 古汉语词汇纲要[M]. 北京：北京大学出版社, 1989：228.
③ 邵正业. 词的引申义和新词的派生[J]. 辞书研究, 1989, 3.

变。如唱（带头唱）——带头干。（5）整分：（从转移中分出）脚（膝以下）——足。作者认为"易位""转移"（包括整分）引申出的词义脱离原来的语义场，源词和派生词指称的客体在逻辑上全无关系，因此产生的是新的派生词。其中，易位、转移是比喻的产物，整分则是借代的产物。

笔者认为，引申是过程，比喻是手段，两者本来没有矛盾，冲突的焦点在于通过比喻手段产生的比喻义与引申义的关系是上下位还是同级。先举几个例子：

普通引申义：

【寄托】①托付：把孩子~在邻居家里。②把理想、希望、感情放在（某人身上或某种事物上）：~哀思｜作者把自己的思想、感情~在剧中主人公身上。

【门廊】①连接院门和屋门的廊子。②屋门前的廊子。

【水草】①有水源和草的地方：牧民逐~而居。②某些水生植物的通称，

比喻义：

【顶峰】①山的最高处。②比喻事物发展过程中的最高点。

【暗流】①流动的地下水。②比喻潜伏的思想倾向或社会动态。

【地下】①地面之下；地层内部。②秘密活动的；不公开的。

一般说来，引申义往往与本义对举，强调的是二者之间的衍生关系。

比喻义的实质是以"词的本义"为喻体派生出本体——词的比喻义。比喻义必须与本义有衍生关系。所以比喻义应该属于引申义，是引申义的下位概念。

不同的是，一般从本义衍生出来的引申义，是按照逻辑关系推理发展而成的；比喻义则是按照相似关系生成的，所以，它是引申义中特殊的一类。

国内从事外语工作的学者对词义衍生的描写似乎要明朗一些，对辞格在词义衍生上的作用也有较清楚的认识。陆国强在其《现代英语词汇学》一书中探讨了英语单词的语义理据后指出，隐喻、换喻、提喻等是新义产

生的基础。戚雨村则在其《语言学引论》[①]一书中明确提出："衍生词义的方法一般有隐喻和借喻两种。"

二、一点说明

前面《中国大百科全书》中所举的例子："轮"是有辐的车轮，是能转动的，这个意象使人印象深刻，所以"按班替换"叫"轮班"，"按次序替换"叫"轮次"，"把演唱者分成两个或两个以上的组，按一定时距先后错综清唱同一旋律的歌曲"叫"轮唱"，"人员替换着训练"叫"轮训"，这些都是偏正式结构；还可以和"替换"组成联合式结构合成词"轮换"。轮班、轮次、轮唱、轮训的意义当然是比喻义，但是这个意义是这样构成的（以"轮班"为例）：

"轮"的比喻义+"班"＝"轮班"的比喻义。

也就是说，"轮"产生了"轮流"的比喻义。但是，"轮班"作为一个词，属于新造词而不是扩展词。

所以有人认为，这不是比喻义。"词语的比喻义和比喻词语不是一回事。……所谓比喻义，是在词语已有意义的基础上通过打比方（比喻）的方式产生的一个意义。……是词语的一个义项——以比喻的方式产生的一个意义；比喻词语，本身是由比喻的方式构成，不是词语所含的一个义项。词语的比喻义，是从词语意义发展的角度着眼的，属词语意义的问题；比喻词语则是从词语构成的角度来看的，属词语结构的问题。……分属不同的范畴。"[②]

笔者认为，"轮班"作为一个词，它的本义就是比喻义，只不过这个比喻义主要来自词中的一个语素。该语素隐晦而不明显，在释义上一般没有体现出来。

[①] 戚雨村. 语言学引论[M]. 上海：上海外语教育出版社，1985.
[②] 周荐. 比喻词语和词语的比喻义[J]. 语言教学与研究，1993，4.

第五章 比喻义发展一般路径

第一节 比喻扩展词语一览

比喻扩展本身包含了对新事物的认识过程：人们总是从已知事物出发来认识未知事物。这种认识是通过两条途径来达成的：一条是将新事物按逻辑次序归类，在人们认识事物的正常知识框架中进行，即在一个语素（已知事物）前再加上一个起修饰、限定作用的语素（未知事物），如：岛国、敌阵、嫡传，遵循"种差+属概念"的命名原则；另一条是在正常知识框架之外进行的，最常见的就是通过比喻，把新事物归入在正常逻辑看来不相干的一个类中，以相似点为纽带，借用已知事物的名称指代新事物。"一名二用"在这儿并不会引起语义混乱，因为旧名称在一定的上下文中能通过"范畴错置"引起人们的类比推理，从而导向对新义的理解。所谓"范畴错置"是指比喻涉及的两个关涉对象属于不同的类别，将它们联结起来实际上构成了一种逻辑错误。

我们把比喻扩展词语按词类罗列如下：

一、名词性比喻扩展词语

顶峰、烙印、暗礁、半路、霸王、苍龙、敝屣、壁垒、标兵、暗箭、把柄、冰山、残局、悲剧、本钱、鼻祖、秕糠、轨辙、症结、支点、回路、国宝、棒子、堡垒、臂膀、潮流、巢穴、草包、东风、动力、避风港、猜谜儿、防空洞、鬼门关、败家子、刽子手、光风霁月、暴风骤雨、定时炸弹、盖子……

二、动词性比喻扩展词语

拔尖儿、阵痛、步武、搬兵、避风、感染、筛选、停摆、庇荫、鼻酸、变种、定弦、动荡、通气、爆炸、饱尝、滋润、把关、鞭挞、蝉蜕、复活、腐朽、褪套儿、猜谜儿、逼良为娼……

三、形容词性比喻扩展词语

暗礁、腐朽、安澜、斧凿、钢铁、安澜、草鸡、不蔓不枝……

比喻扩展词语大多为名词、动词、形容词，其他词类很少。

通过上面例词可以看到，本义和比喻义属于不同的范畴。比如，"暗礁"原指"不露出水面的礁石"，后来喻指"事情在进行中遇到的潜伏的障碍"，这表明它们关涉的是不同的对象。"腐朽"原指"木料等含有纤维的物质由于长时期的风吹雨打或微生物的侵害而破坏"，后来喻指"思想陈腐、生活堕落或制度破坏"。"安澜"原指"河流平静，没有泛滥现象"，后来喻指"太平"。这些关涉的对象都不一样。这说明它们的本义和比喻义处于两个范畴，因为某种因素，而使两者有了联系。下面，笔者从语义构成成分对比喻义的生成从内部进行分析。

第二节　语义构成成分对比喻义生成的影响

从本义到比喻义的引申过程到底是怎样完成的，至今学界还没有普遍认可的结论。很多著述只是简单描述了比喻义的生成，并没有深入揭示比喻义的转化机制，要弄清楚比喻引申过程，还是要从语义分析入手。

比喻中两类不同事物之间的关系实际是两个不同语义场之间的关系。比喻词语不过是突显出来的联系起语义网络的冰山一角，它打破了逻辑分类，而在不同事物间建立起新的联系。

假设有A、B两种事物，分属于两类范畴。如何打破现有的分类界限，使其构成类比，扩展出比喻关系的新空间？我们借鉴邹立志、张云秋的方法[①]，从义素入手，描写如下：

A：[区别性特征a，类比性特征c]

B：[区别性特征b，类比性特征c]

这里的区别性特征和普通的包含在一个语义场内部的区别性特征不同。比如：

灌木——[+矮小][+丛生][+木本][+植物]

乔木——[-矮小][-丛生][+木本][+植物]

[木本][植物]对"灌木""乔木"来说是共同特征（义素），[矮小][丛生]则是区别特征（义素）。

"灌木""乔木"同属于一个语义场之内。这和比喻扩展词语不同。由于比喻词语是不同语义场之间的映射，所以最大的区别就在于语义场所属的类不同，也可以说是关涉对象迥异。类比性特征则是联系两个不同义域的纽带。比如：

【顶峰】①山的最高处。②比喻事物发展过程中的最高点。

义素可描写成：

[+最高][+实体位置][-山]

[+最高][-实体位置][-事物]

"最高"是类比性特征，是比喻引申词语本义和比喻义的连接点，是描述性的，一般不发生根本性变化。后面则是区别性特征，它主要反映不同义域的关涉对象，如"山"与"事物"，常常迁移。

第三节 本义与比喻义的关系

要借用已有概念来认识新概念，则要强调A、B两事物的类比性特征，淡化二者的对立关系。将未了解的概念B设想为熟知的对象A，借助已有的A

[①] 邹立志，张云秋. 词义比喻引申的语言心理基础分析[J]. 首都师范大学学报，2003，6.

第五章　比喻义发展一般路径

知识来处理B。在这样做的时候，关涉对象发生了变化，类比性特征也随之调整。从关涉对象变化的角度出发，会发现本义与比喻义存在着以下四种关系。

一、词义泛化

A既能指称A，又能指称B，这时A一定产生了新义位：
义位A：［区别性特征a，类比性特征 c］
新义位A1：［区别性特征b，类比性特征c］
当a中的关涉对象的外延小于b中的关涉对象时，就出现了词义泛化。例如：

【秕糠】秕子和糠，比喻没有价值的东西。

【筛选】①利用筛子进行选种、选矿等。②泛指通过淘汰的方法挑选：经过多年的杂交试验，~出优质高产的西瓜新品种。

【斗子】①煤矿里盛煤的器具，也指家庭中盛煤的铁桶。②用树条、木板等制成的盛东西的器具：料~。

【白骨精】神话小说《西游记》中一个阴险狡诈善于伪装变化的女妖精。常用来比喻阴险毒辣的女人。

【逼良为娼】逼迫良家妇女当娼妓。比喻迫使正直安分的人去做坏事。

"秕糠"就是秕子和糠皮，是谷子里没用的东西，也可以说是糟粕。"东西"，泛指各种具体的或抽象的事物。没有用的谷子皮属于"东西"范围内，是种属关系。所以新比喻义外延扩大，出现词义泛化。

"筛选"原来的a中关涉对象是种子、矿产品等，类比性特征c中的描述性成分是用筛子进行筛，淘汰小的、差的，留下质量优良的。b中的关涉对象没有明确指出，但是我们可以确定，外延扩大了，原先的关涉对象范围包含在比喻义中关涉对象的范围之内。所以这也是词义泛化。

"斗子"原来关涉对象仅是"盛煤的器具"，比喻义的关涉对象是"盛东西的器具"，后者的外延扩大了。

"白骨精"原来是一个女妖精，她是一个文学作品中的人物形象，具有阴险毒辣的特点,这一点成为类比性特征c,后来的比喻义关涉对象则指一切阴险毒辣的女人。

"逼良为娼"原来是指逼迫良家妇女做娼,关涉对象是"良家妇女",后来逼迫的对象扩大成"正直安分的人",所以也应属于词义泛化的范围之内。

二、词义专化

义位A:〔区别性特征a,类比性特征c〕
新义位A1:〔区别性特征b,类比性特征c〕

在同样的条件下,当a中的关涉对象的外延大于b时,关涉对象从原来的外延较宽或没有明确指出变成特指某一方面,这样就出现了词义专化。有时,用特指、专指等加以提示。如:

【盖子】①器物上部有遮蔽作用的东西。②动物背上的甲壳。

【吸收】①物体把外界的某些物质吸到内部,如海绵吸收水,木炭吸收气体等。②组织或团体接受某人为成员。

【梗塞】①阻塞。②局部动脉堵塞,血流停止。

【起伏】①一起一落:麦浪~|这一带全是连绵~的群山。②比喻感情、关系等起落变化:思绪~|病情~不定|两国关系出现了一些~。

"盖子"义项1中的关涉对象是"器物",这个范围是很宽泛的,后来人们把动物背上背的壳也叫作盖子,关涉对象发生了迁移。

"吸收"义项1的关涉对象可以理解为所有物体从外部吸到内部,后来专指组织接受某人。

"梗塞"义项1没有限定动作"阻塞"的发出者,义项2则专指人体动脉受阻。

"起伏"义项1没有指出"起落"的关涉对象,义项2则专门喻指"感情""关系"的起落变化。

三、词义平行迁移

义位A：〔区别性特征a，类比性特征c〕
新义位A1：〔区别性特征b，类比性特征c〕

区别性特征a、b中各自的关涉对象之间一般为具体和抽象的关系，a、b之间没什么交集。

【暗礁】①海面、江河中不露出水面的礁石，是航行的障碍。②比喻事情在进行中遇到的潜伏的障碍。

"暗礁"中的关涉对象由原"海面、江河"，转到"事情"，二者没有任何关系。因此，关涉对象是平行迁移。A1的生成主要在于类比性特征中的描述性成分的相似，当然，转化之后，描述性成分也做了相应的调整：从"不露出水面"调整成"潜伏的"。

【把柄】器物上便于用手拿的部分，比喻可以被人用来进行要挟的过失或错误等：他敢这样对待你，是不是你有什么~叫他抓住了？

【腐朽】①木料等含有纤维的物质由于长时期的风吹、雨打或微生物的侵害而破坏。②比喻思想陈腐、生活堕落或制度破坏。

【棒子】①棍子（多指粗而短的）。②〈方〉玉米：~面。

【茂盛】①（植物）生长得多而茁壮：庄稼长得很~。②比喻经济等兴旺：财源~。

【暴风骤雨】来势急遽而猛烈的风雨，比喻声势浩大、发展迅猛的群众运动。

"把柄"的关涉对象从"器物"迁移到"过失或错误"，同时，类比性特征也做了相应的调整：从"便于手拿的"调为"被人用来要挟的"。

"腐朽"的关涉对象从"木料"迁移到"（人）或制度"，类比性特征没有变化，都是"破坏"。

"棒子"的关涉对象从"棍子"迁移到"玉米"，类比性特征是"粗而短的"。

"茂盛"的关涉对象从"植物"迁移到"经济"，类比性特征从"多而茁壮"迁移到"兴旺"。

"暴风骤雨"的关涉对象从"风雨"迁移到"群众运动",类比性特征从"急遽而猛烈"迁移到"声势浩大、发展迅猛"。

这一类的特点是关涉对象之间没有包含与被包含的关系,属于平行迁移。

两个义位的关涉对象毫无关系,决定了修饰它们的类比性特征中的描述性语言求同存异,具体表述时需要做适当的调整。

四、词性转移

义位A：[区别性特征a,类比性特征c]

新义位A1：[区别性特征b,类比性特征c]

区别性特征a和b中的关涉对象发生了迁移,但是类比性特征却得到了强调。一般说来,这样的词语通常是名词,而得以强调的类比性特征,大多是描述性质功能的,因而转化为形容词。

【斧凿】①斧子和凿子。②比喻诗文词句造作,不自然；~痕。

【钢铁】①钢和铁的合称,有进专指钢。②比喻坚强：~战士。

【安澜】〈书〉①指河流平静,没有泛滥现象。②比喻太平：天下~。

【草鸡】〈方〉①母鸡。②比喻软弱或胆小畏缩。

【牛皮】①牛的皮(多指已经鞣制的)。②比喻柔韧或坚韧：~糖丨~纸。

【高头大马】①体形高大的马。②比喻人身材高大。

汉语的词类转化在秦汉以前,是很普通的,像郭焰坤[①]所说那样："转类辞格的基础是立足于词语的变异,立足于对规范的有意突破。但实质上古代转类多带社会性,是全社会通行的……"如左右欲刃相如、驴不胜怒蹄之、孔子主我、馆于上宫等。单音词能轻易转类表达一个比较复杂的意义。但是,由于种种原因,具体名词转化为动词变得越来越少。现代出现的词类转换绝大多数是在比喻的作用下产生的,是一种为了取得一定修辞

[①] 郭焰坤. 论修辞现象的历史比较[J]. 语文建设, 1999, 5.

效果的修辞手段。[①]如：

这些官员只是在鱼肉百姓。

这次他铁了心。

"鱼肉"和"铁"本来都是名词，但是在例句中都带了宾语，具有明显的特殊效果。

这种词类转化词语数量不是很大。

第四节 本义朝比喻义发展的一般路径

戴维森说：隐喻说一百遍还是隐喻，字面意义第一次就是字面意义，两者似乎有一条明确的界线。[②]那么活隐喻是突然死亡从而变成了死隐喻吗？如果像其他的语言现象那里一样，变化通常是逐渐发生的，那我们就需要发现从隐喻转化为字面意义的中间阶段。

词义演变是历时现象。词义引申造成共时平面上的一词多义，或者说，共时平面上的词义变异实为词义演变过程中的一个阶段。一个词由A义演变为B义，必定经过一个A、B二义并存的阶段，这个阶段就是一词多义或语用歧义。

新比喻义位在形成之初都不太稳定，体现在新义位上往往是有标记的，也就是说如果没有上下文的支持，别人将不会理解新义位，如：

下课：

最令人不安的是要主帅"下课"之声大作，陡增了职业联赛的残酷氛围。

【当代\人民日报\1996\96News06.txt】

我们完全有理由在"课堂"上大声疾呼：好学生留下，请差生自觉"下课"吧。

[①] 陈望道. 修辞学发凡[M]. 上海：上海教育出版社, 1979.
[②] 陈嘉映. 语言哲学[M]. 北京：北京大学出版社, 200：373.

【当代\作家文摘\1997\1997A.TXT 文章标题：让人民给大腕"上课" 作者：刘峰】

但由于新义位过于频繁地出现，人们不再注意新旧义位间区别性特征的差异，在行文当中不再采用标记，而是直接使用：

被客队北京国安攻破时，观众台上发出震耳欲聋的喊叫声：某某某，下课了！

【当代\作家文摘\1997\1997A.TXT 文章标题：球迷的妻子 作者：姚永正】

卢森博格下课倒计时。

【《京华时报》2005\12\5 A26 体育\足球版】

可见，比喻义在人们正式接纳之前，有一个比较漫长、带着醒目标记的日子，即使进入词典，短时间仍然很难摆脱比喻痕迹。下面我们就对词典中本义向比喻义发展的过程予以说明。

一、刚出现时的引号标记

现代汉语中引入的标点符号，能够比较清晰地表示出语调、语气、一些特殊含义。词语在刚刚作为比喻用法出现的时候，常采用双引号以便和正常词语区分。这样标记的好处是一目了然，读者不必太费心思去考虑上下文搭配的不恰当之处。容易看清比喻扩展词语最初使用状态的是新词语，因为词典中的词语都历时较长，而标点符号出现于19世纪末20世纪初[①]，所以早期的词语还没有加标点，不能通过引号来判断。比如：

跳蚤市场[②]：

[①] 1897年，广东东莞人王炳耀参考外国新式标点，拟出10种标点符号：一句之号、一读之号、一节之号、一段之号、句断意连之号、接上续下之号、慨叹之号、惊异之号、诘问之号、释明之号。1917年，知识分子制定了一套"新式标点符号"。五四运动以后，在胡适、周作人、钱玄同、刘复等代表的"国语统一筹备会"致力推广下，"新式标点符号"颁行全国，分别为：句号、分号、冒号、点号、间号、惊叹号、引号、破折号、删节号、夹注号、私名号及书名号。

[②] 原为西方国家城市中的一种特殊的零售市场。一般从周末开始到星期日晚饭前结束，出售日用商品、小工艺制品、旧书、珠宝、小古董等新旧货物。一些小商贩的临时货摊聚集在一起，由于摊位不固定，出售的大多是价廉的小商品，故称。现已在东方及世界其他城市中出现。

第五章　比喻义发展一般路径

这里本来是星期天"跳蚤市场",现在已经不是居民将家中无用的东西拿出来处理的场所了。

【当代\市场报\市场报1994B.txt】

蒙马脱尔(Monmartre)的"跳蚤市场"和耶路撒冷圣庙的"世界蚤虱大会"全像在这欧亚大旅社里举行。

【现代\文学\钱钟书.TXT文章标题:围城　作者:钱钟书】

当然,"跳蚤市场"不仅局限于生活消费品,书刊等也可设个"跳蚤市场",……

【当代\市场报\市场报1994A.txt】

德国波恩的莱茵河谷公园每月举办一次"跳蚤市场",出售新旧衣服、古董、手工艺品和各类图书。

【当代\市场报\市场报1994A.txt】

后来,大家熟悉了这个词语的比喻义,就不必再加引号以示区别了:
这个跳蚤市场坐落在近郊的一块空旷的露天地里。

【当代\作家文摘\1997\1997B.TXT　文章标题:巴黎的跳蚤市场　作者:陈淀国】

跳蚤市场最明显的特点是没有"门市"都是摆地摊,或者是临时搭起的木板货架。

【当代\作家文摘\1997\1997B.TXT　文章标题:巴黎的跳蚤市场　作者:陈淀国】

消肿[①]:

过去我们讲过,这么臃肿的机构如果不"消肿",不要说指挥作战,就是疏散也不容易。

【文件名:\当代\应用文\邓小平文选3.TXT《邓小平文选·第三卷》作者:邓小平】

如一个县就设有100多个部门,养了很多闲人,早就应该重视"消肿"。

[①] 原指医学上消退肿胀,现也喻指裁减冗员、精简机构。还喻制止物价上涨、控制通货膨胀。

【文件名：\当代\报刊\人民日报\1995\Rm9503a.txt】

浙江省工行在存贷款投向上坚决地"治散"和"消肿"，即解决贷款投向分散，把有限资金集中起来。

【文件名：\当代\报刊\人民日报\1996\96News11．txt】

输血①：

不是把它推向市场，而是采取补贴、低息贷款、政策优惠等办法为其"输血"，但并未奏效。

【文件名：\当代\报刊\人民日报\1993\R93_02.txt】

"输血"与"造血"同步进行，下岗职工找到自己的位置，积极性很高。

【文件名：\当代\报刊\人民日报\1994\94Rmrb2.txt】

实行市场经济后，该市主要领导认识到，过去那种"输血"的做法只能治标，不能治本。

【文件名：\当代\报刊\人民日报\1994\94Rmrb3.txt】

原因是，今年夏天对经济部门特别是对农业和军工部门的大量财政"输血"导致秋季通货膨胀率上升。

【文件名：\当代\报刊\人民日报\1994\94Rmrb4.txt】

夕阳产业②：

三是随着发达国家向发展中国家和地区转移其"夕阳产业"和部分比较利益较差的成熟期产业，……

【文件名：\当代\报刊\人民日报\1994\94Rmrb2.txt】

把汽车、钢铁、石油、化工、纺织、机械等传统产业看作是"夕阳产业"。

【文件名：\当代\报刊\人民日报\1996\96News08.txt】

原先的"京九方案"非但不能上马，铁路运输一时间似乎也成了"夕阳产业"，其发展方向被认定为以运煤为主。

【文件名：\当代\报刊\作家文摘\1996\1996B.TXT 文章标题："京

---

① 原指把健康人的血液输入病人体内，现也喻指从外部给予援助。
② 跟产品生命周期有关，有些产品技术已经成熟，连续创新趋于枯竭，市场饱和，产品趋于同质性，竞争激烈，利润很低，如现在的PC业务，一定程度上可称为夕阳产业。

九"决策诞生记 作者：李雅民】

二、加上比喻词[①]

大多数比喻引申词语都是直接引用，通过语境搭配的异常突显比喻效果，使人们体会到义域的跨越。有时会加上如"像""好像""如""犹如""似"等的比喻词。

滚雪球：

扩规模，创名牌，参与市场竞争，使得羽绒服装厂的规模如同滚雪球似的，越滚越大，如今"美尔姿"羽绒服已成为国内同行的"四大家族"之一，去年一跃为全省农垦的"千万富翁"。

【当代\人民日报\1996\96News04.txt】

回收后和新增开发资金一起用于再开发，然后再回收，使开发资金像滚雪球一样越滚越大。

【当代\人民日报\1996\96News12.txt】

厂子就这样滚雪球似的滚起来了。

【当代\市场报\市场报1994A.txt】

亚平经不住诱惑，于是与朋友一起组建了股份公司在国内投资，犹如滚雪球般越滚越大。

【当代\作家文摘\1997\1997B.TXT文章标题：王亚平下西洋 作者：杜仲华】

但是，有时为了区别，语境中还会出现"是""成""成了""成为"等表示暗喻的比喻词。如：

我们从中得到的重要启示是：和平与发展是不可阻挡的历史潮流；霸权主义和强权政治不得人心。

【文件名：\当代\人民日报\1995\Rm9502a.txt】

改革是一股世界性的潮流。

---

① 这个比喻词指的是"像""好像""如""如同""是""似的"等连接本体和喻体的词。

【当代\人民日报\1995\Rm9503b.txt】

当今，世界经济区域化发展已成为潮流，两岸经贸的不断发展正是这一经济潮流的体现。

【当代\人民日报\1996\96News10.txt】

实现祖国统一，是中华民族的利益所在，是不可阻挡的历史潮流。

【当代\人民日报\1996\96News10.txt】

定时炸弹：

绿色和平组织称，这座平台如果沉没到海里，将成为一颗"有毒的定时炸弹"，给环境带来无法预测的后果，而且将开创一个"危险的先例"。

【当代\人民日报\1995\Rm9506b.txt】

在这房子里，既没有像定时炸弹之类的东西，又正好遇到停电，不可能因漏电而起火。

【当代\读者\读者（合订本）.txt】

一些专家惊呼，"这对美国经济及其银行来说可能成为定时炸弹"。

【当代\人民日报\1996\96News05.txt】

可以看到，有的时候，引号作为一种标记和"是""成为"等喻词是联合起来运用的。

三、加上修饰语

词语往往有着自己固定的使用语境。有时，词语前面会加上不属于原有语境的修饰语，这时就形成一种潜在的语义迁移。这是构成新比喻义的另外一种途径。

堡垒：

他把妙斋看成了一座精神堡垒！

【现代\文学\老舍短篇.TXT文章标题：不成问题的问题 作者：老舍】

家，在中国，是礼教的堡垒。

【现代\文学\四世同堂.文章标题：四世同堂 作者：老舍】

1949年初，北平和平解放，安娜看到台湾势必成为国民党最后一个顽抗堡垒，于是当机立断，让大儿子、三儿子放弃了工作，她又毅然领着子女渡海到了香港。

【当代\读者\读者（合订本）.txt】

大工业在农业领域内所起的最革命的作用，是消灭旧社会的堡垒——"农民"，并代之以雇佣工人。

【当代\翻译作品\资本论.TXT】

西南联大成为民主的堡垒。

【当代\文学\朱自清与中国.txt文章标题：朱自清与现代中国的民粹主义 作者：许纪霖】

缺口[①]：

改革后乡镇的收入普遍减少三成多，村级收入减少了七八成，收支缺口大，不仅使正常的工作难以开展，也严重制约了农村各项事业的发展。

【文件名：\当代\应用文\中国农民调查.txt】

农民的负担可能会被减轻，但地方财政由此出现的巨大的财政缺口，却无力填补。

【文件名：\当代\应用文\中国农民调查.txt】

持续性缺口的技术性分析意义最大。

【文件名：\当代\应用文\股市基本分析知识.txt】

消耗性缺口很少是突破前一形态大幅度变动过程中的第一个缺口，……

【文件名：\当代\应用文\股市基本分析知识.txt】

新星：

新时期以来，几乎每一部文学佳作的问世，每一颗文学新星的闪现，都及时地受到这位老练的文学评论家的注视……

【文件名：\当代\报刊\人民日报\1995\Rm9509b.txt】

成分的结构分析，取得了一批成果，成为新疆化学界的少数民族科技新星。

【文件名：\当代\报刊\人民日报\1995\Rm9510a.txt】

---

① 原指物体边缘缺损的部分。现也比喻指物资、资金等的不足部分。

如今，它已成为蜚声祖国西南及海外同行的矿业新星。
【文件名：\当代\报刊\人民日报\1996\96News04.txt】

四、进入词典后的标记

比喻词义产生之后，要经过长时间的使用，才能确立它在词汇系统中的地位，具有进入词典的资格。在接受检验的时候，发生分化：一部分词义昙花一现，转瞬即逝；一部分词义则保留下来，进入词典。

进入词典后，要加上"比喻"作为标记。这样的情况已有人做过分类：固定比喻义和语境比喻义。固定比喻义包括释义中：①比喻义为唯一义项。②比喻义为独立义项、与其他义项并列。③比喻义依附本义后有新的解释。④比喻义依附本义后未做新的解释。⑤比喻义依附本义后出现在括注中的几种情况。五种释义方式由前到后有着由稳定到不太稳定、由较强的独立性到对语境有较大的依赖性、由属于该词所有内容到只占部分词义容量的一个渐变过程。[①]

语境比喻义指靠具体的上下文来显示的比喻义。如释义中加了"◇"符号的例句。

从凝固程度来分类，应是先固定比喻义，然后是语境比喻义。但是，当比喻的新义位进入词典的时候，这是一个逐渐凝固的过程，顺序则与前者恰恰相反：

①语境比喻义：释文中加"◇"符号；

②比喻义依附本义后出现在括注中；

③比喻义依附本义后未做新的解释；

④比喻义依附本义后有新的解释；

⑤比喻义为独立义项与其他义项并列；

⑥比喻义为唯一义项。

④⑤的出现表明，比喻词义已获得正式地位，成为比喻扩展词语。

---

① 苏新春. 汉语词汇计量研究[M]. 厦门：厦门大学出版社，2001.

⑥的现象则可能分为两种情况：一种是本有其义，取而代之的，这是比喻词义，属于扩展词语；一种是本无其义，直接做喻的，这也是比喻词义，但属于新造词语，如"鬼胎"等。

至于临时比喻义一步一步凝固的条件，张炼强曾说过："由于这种比喻用法使用的频率高，时间长，自身的表现力强，能更好地满足社会交际的需要等等原因而吸收到语言的词义系统中来，词典也为它立了义项。"① 这大略讲出了比喻义由临时逐渐走向固定的原因。

五、无须标记的"石化现象"

在有标记阶段，可以清楚看到比喻痕迹。当比喻义已被人们运用自如，有时甚至已经忘记它曾经是一个比喻的时候，就进入了无标记阶段。有人把这一阶段的词语称作死隐喻词语②，或者把这一现象叫作"石化现象③"。

如：

【感染】①受到传染：身体不好，容易~流行性感冒。②通过语言或行为引起别人相同的思想感情：~力丨欢乐的气氛~了每一个人。

【支点】①杠杆上起支撑作用的绕着转动的固定点。②事物的中心或关键点：战略~。

【遮羞布】①系在腰间遮盖下身的布。②借指用来掩盖羞耻的事物。

【缩手缩脚】①因寒冷而四肢不能舒展的样子。②形容做事顾虑多，不大胆。

比喻词语的凝固过程基本上呈现以上所举特点。要特别说明的是，比喻词语的稳定并非一定要按照以上过程一步一步来，有时，比喻词语会直接出现在第二阶段或第三阶段。这是不一定的。

---

① 张炼强. 词的比喻义与"城"字现象[J]. 首都师范大学学报，1996，6.
② 束定芳. 隐喻学研究[M]. 上海：上海外语教育出版社，2001.
③ Leech（1974）在其《语义学》一书中曾使用了"石化现象"（Petrification）这一术语，用以指一个词条的约定俗成的意义（即所指范围）发生变异，从而使之形成习惯用法的固态化（Solidifying）。

第六章 比喻扩展词语义项的组合能力

扩展而来的词义一般来自语用，语言成分横向组合产生的新义，得到人们的承认而凝固下来。比喻扩展词语属于多义词，多义词具有多个义项，不同的义项具有各自不同的分布空间，义项之间的差别在词语组合时能够得以体现，分析比喻扩展词语在实际言语运用时的横向组合情况，可以从中发现比喻扩展词语的构词规则。通过学习和研究义项组合能力，可以帮助人们更准确、恰当地运用词语。

第一节 比喻扩展词语的样本选择

笔者收集了《现代汉语词典》中的比喻扩展词语一共1474条，在这些词条中，每隔100条选择一个词语作为样本进行分析，这样一共选了14个词：

【动脉】①把心脏中压出来的血液输送到全身各部分的血管。②比喻重要的交通干线。

【放手】①松开握住物体的手：放开手｜他一~，笔记本就掉了。②比喻解除顾虑或限制：~发动群众。

【收摊儿】摊贩把摆着的货收起来，比喻结束手头的工作：下班时间到了，~吧。

【发火】①开始燃烧：~点。②子弹、炮弹的底火经撞击后火药爆发。③〈方〉发生火警；失火。④（炉灶）生火容易旺。⑤（~儿）发脾气：有话好好说，不必~。

【揭幕】①在纪念碑、雕像等落成典礼的仪式上，把蒙在上面的布揭开。②比喻重大活动的开始：展览会~｜国际排球锦标赛~。

【内耗】①机器或其他装置本身所消耗的没有对外做功的能量。②比喻社会或部门内部因不协调、闹矛盾等造成的人力物力的无谓消耗。

【穷途】路的尽头，比喻穷困的境况：~末路。

【王八】①乌龟或鳖的俗称。②讥称妻子有外遇的人（骂人的话）。③旧指开设妓院的男子。

【攻坚】①攻打敌人的坚固防御工事：~战。②比喻努力解决某项任务中最困难的问题。

【断头台】执行斩刑的台，台上竖立木架，装着可以升降的铡刀，18世纪末法国资产阶级革命时用过。现多用于比喻。

【磕碰儿】①〈方〉器物上碰伤的痕迹：花瓶口上有个~。②比喻挫折：不能遇到点~就泄气。

【落差】①由于河床高度的变化所产生的水位的差数，如甲地水面海拔为20米，乙地为18米，这一段的落差就是2米。②比喻对比中的差距或差异：调整心理上的~｜两种工资之间的~较大。

【蛇蝎】蛇和蝎子。比喻狠毒的人。

【梗塞】①阻塞。②局部动脉堵塞，血流停止。

搜集到的词语要排除切分不当的，比如"发火"："她走出罂粟地时白色袍裙缓缓飘飘起来，头[发火]红如火焰一样地燃烧"；"磕碰儿"："4个月后的今天，在不知经历了多少次磕[磕碰]碰之后，迪加利闯了过来"；"多年来我们进行种植结构调整，可旧的种植习惯处处设障，磕[磕碰]碰进展很慢"。进行排除整理之后，笔者在北京大学CCL网上语料库进行检索。CCL语料库共有264444436字符，来自小说、期刊等，属于书面语。整理之后笔者得到了14条比喻扩展词语本义和比喻义的使用情况，数据情况放在下面小节。

第二节 本义与比喻义使用情况

下表为按样本选出的14条比喻扩展词语本义与比喻义使用情况：

序号	词目	本义	比例（%）	比喻义	比例（%）	共计
1	动脉	317	65	171	35	488
2	放手	76	19.1	321	80.8	397
3	收摊儿	34	82.9	7	17.1	41
4	发火	38	13.7	239	86.3	277
5	揭幕	129	33.3	258	66.7	387
6	内耗	1	2.8	34	97.1	35
7	穷途	0	0	247	100	247
8	王八	89	26.6	246	73.4	335
9	攻坚	15	3	485	97	500
10	断头台	77	80.2	19	19.8	96
11	磕碰儿	0	0	0	0	0
12	落差	59	50	59	50	118
13	蛇蝎	5	35.7	9	64.2	14
14	梗塞	15	13.9	93	86.1	108

说明："磕碰儿"与"磕碰"不同，该词在CCL语料库中只有2条词典解释，而"磕碰"则有252条，但是两个词意思不同，"磕碰"是动词，有三个义项：①东西相互撞击。②人和东西相撞。③比喻冲突。我们所检索的CCL语料库中，"磕碰儿"只有两例，均为词典解释，没有使用的具体语境，不再讨论该词。

从上表可知：

（1）本义使用多于一半的词有3个，依次为：收摊儿（82.9%）、断头台（80.2%）、动脉（65%）。本义与比喻义各占一半的有1个，是落差（50%）。比喻义使用多于一半的词有9个，依次为：穷途（100%）、内耗（97.1%）、攻坚（97%）、发火（86.3%）、梗塞（86.1%）、放手

（80.8%）、王八（73.4%）、揭幕（66.7%）、蛇蝎（64.2%）。

很明显，在比喻扩展词语中，比喻义的使用频率高于本义使用频率。

下面比较一下比喻义和本义应用在语境中各居首位的词：

【收摊儿】摊贩把摆着的货收起来，比喻结束手头的工作：下班时间到了，~吧。

【穷途】路的尽头，比喻穷困的境况：~末路。

它们的义项只有一个，"收摊儿"产生于现代，本义仍然具有强大的生命力；"穷途"源于古代汉语，《周书·列传第三三》："嗣宗穷途，杨朱歧路。征蓬长逝，流水不归。舒惨殊方，炎凉异节，木皮春厚，桂树冬荣。"一般和"末路"连用，共同表达比喻意义。同样只有一个义项的还有"蛇蝎"，它的比喻义应用得比本义多。所以笔者推测：一般情况下，只有一个义项的比喻扩展词语，包含的意义在使用上有两极之势：或者本义应用得多；或者比喻义应用得多。二者并存。

（2）释义中有"比喻"字样的共有11个词，没有"比喻"字样的有3个。这3个词比喻义在语境中的使用都居于前列，而含"比喻"的，本义与比喻义的使用有多有少，并不一定。这说明比喻扩展词语是一个仍在变化的连续系统：

本义使用多、比喻义处在萌芽期的词＞本义、比喻义使用基本持平的词＞本义使用较少、比喻义使用较多的词＞比喻义已凝固成功的词。

本义使用多、比喻义处在萌芽期的词如：收摊儿、断头台、动脉；

本义、比喻义使用基本持平的词：落差；

本义使用较少、比喻义使用较多的词：揭幕、蛇蝎；

比喻义已凝固成功的词：穷途、内耗、攻坚、发火、梗塞、放手、王八。

（3）同时也注意到，一些词语如"磕碰儿"，没有搜索到比喻用例。"磕碰儿"与"磕碰"不同，它的两个义项前有"<方>"的标志，说明这个词语的意义主要存在于方言，在正规的文献中自然就少了。

第三节　比喻扩展词语不同义项的组合与搭配

语言里的多义现象是十分普遍的，有人做过统计，包含两个以上名词性义位的名词占18.2%。[①]那么，人们在交流中如何区分这些词语意义？以往人们谈到这个问题时，往往都是比较概括地指出可以根据具体的上下文语境来判断多义词的意义。但是对于上下文如何限制词义、词义和它在句子中的组合能力之间究竟存在着怎样的关系等问题，并没有进一步深入讨论。比喻义更是如此。通过上面分析，我们了解到，比喻义和一般的引申义不同，它的使用频率是比较高的，那么，在什么情况下使用比喻义、什么情况下使用本义？对这个问题的研究目前为止并不多。我们试图分析比喻义的生存环境，进而把握大多数比喻词义在句子中的分布规律。

一、比喻扩展词语本义和比喻义的语法分布

名词"动脉"的两个义项语境对比

语法功能		义项1 把心脏中压出来的血液输送到全身各部分的血管。	义项2（比喻义） 比喻重要的交通干线。
单做主语	~+动词	~硬化；~断裂；~痉挛	~安全畅通；~中断
	~+形容词	~狭窄	/
单做宾语	动词+~	触摸~；扎死了~；压迫~	/
做定语	~+名词	~瘤；~血管；~弓	/
做中心语	名词+~	有生命名词人或动物的身体部分：股~；腹部~；肱	无生命名词：钢铁~；信息~ 交通~；经济~
	数量词+~	一条~	一条~
	形容词+~	大~；中小~	大~（使用最多）

[①] 王惠. 现代汉语名词词义组合分析[M]. 北京：北京大学出版社，2001：119.

第六章 比喻扩展词语义项的组合能力

语法功能		义项1 把心脏中压出来的血液输送到全身各部分的血管。	义项2（比喻义） 比喻重要的交通干线。
做中心语	动词+~	连心的~	/

由表中可以看到，"动脉"的两个义项在各个语法位置上的词语搭配彼此不同。义项1是个体名词，具有名词的各项基本功能，是自由义；义项2是典型的非自由义。义项2的比喻意义为"重要的交通干线"，这个意义比义项1"把心脏中压出来的血液输送到全身各部分的血管"要抽象，失去了"动脉"作为一个实体的词义特征，因而不能与触摸、压迫、扎死等动词搭配，也不能与表示身体各部位的股、肱、腹部等名词搭配。在中心语的位置上，二者的分布范围似乎有交叉：都可以做数量词"一条"的中心语，尤其是都可以用形容词"大"修饰。

义项1：

表明死亡原因是：强烈的脑神经震荡，脑腔内出血，左肺、大[动脉]、左肺根部开放性损伤。

【作家文摘\1993\1993B】

义项2：

在中原大[动脉]上，哪里有困难，哪里有危险，军人就会出现在哪里、战斗在哪里。

【人民日报\1996\96News11】

上海第三条连接浦江两岸的地下交通大[动脉]。

【人民日报\1996\96News11】

肃金川等工业基地建设的实践，使我们深深认识到：大工业和铁路大[动脉]的建设，是开发边远落后地区的强大动力和有效措施。

【人民日报\1996\96News06】

改革开放、发展经济，投入巨额资金在艰险山区修建的一条钢铁大[动脉]。

【人民日报\1996\96News06】

义项1只出现在"大动脉"这样的组合中，一般与身体或身体各部位相

109

关。义项2的用例非常多，一般与钢铁、铁路等相关。

这说明，义项1和义项2的词义空间呈互补分布。比喻义搭配范围有限，通常出现在"铁路大～""铁路大～""信息大～""交通大～"等组合中。

总的来说，两者的分布空间还是互补的。类似的例子还有：

【亲人】①直系亲属或配偶：他家里除母亲以外，没有别的～。②比喻关系亲密、感情深厚的人。

【神仙】①神话传说中的人物，有超人的能力，可以超脱尘世，长生不老。②比喻能预料或猜透事情的人。③比喻逍遥自在、毫无拘束和牵挂的人。

【尾巴】④指跟踪或尾随在后面的人：甩掉～。⑤指没有主见、完全随声附和的人。

【园丁】①从事园艺的工人。②比喻教师（多指小学的）。

名词"落差"的两个义项语境对比

语法功能		义项1	义项2
		由于河床高度的变化所产生的水位的差数	比喻对比中的差距或差异
单做主语	～+形容词	～（较、很、极、最）大；～高	～造成了……差别
单做宾语	动词+～	形成～	扯平～；展示～；形成～；经历了+～
做定语	～+名词	/	～中
做中心语	名词+～	实体名词（与水有关）瀑布～；海拔～；河流～；河水～；水流～；水面～；潮汐～	抽象名词 感情～；价格～；经济～；文化～；心理～；生命～
	数量词+～	5400米～	/
	形容词+～	足够的～；平均～	巨大～；严重～；强烈的～；鲜明的～
	区别词+～	/	相对～；相互～
	代词+～	/	各种～；某种～；这种～；她的～；如此～

从表中可以看到，"落差"的两个义项都是自由义，但是义项2可以做定语，可以做代词和区别词的中心语，义项1则不行，因此义项2的自由度要比义项1高一些。

从计量单位上看，"落差"原指具体的水位差数，可以测量，可以估算，因此可以用数量词"××米"修饰；比喻义则不同，它喻指的是抽象的距离差数，所以无法具体测量，不能用数量词修饰。

在二者都能出现的主语、宾语、中心语的位置上，它们所搭配的词语也迥然各异。比如，义项1可以受表示实体的、与水有关的名词修饰，如瀑布、水流、河水等，体现了"落差"原本指水位的特点；受"感情、生命、价格、经济等抽象名词修饰，则是"落差"中"高度不同"词义特征的体现。"落差"的两个义位虽然都很常用，但仍各自拥有自己独立的、而且互补的分布空间。正是通过这种分布差异，人们可以很容易地通过上下文把握词义。

类似的词语如：

【暗礁】①海面、江河中不露出水面的礁石，是航行的障碍。②比喻事情在进行中遇到的潜伏的障碍。

【果实】①植物体的一部分，花受精后，子房逐渐长大，成为果实。有些果实可供食用。②比喻经过斗争或劳动得到的胜利品或收获：劳动~。

【污点】①衣服上沾染的污垢。②比喻不光彩的事情：历史上有~。

【资本】①用来生产或经营以求牟利的生产资料和货币。②比喻牟取利益的凭借：政治~。

它们在句子中自由度越高，说明它们日益接近普通词，逐渐淡化了比喻的痕迹。

名词"蛇蝎"的三个义项语境对比

语法功能		本义	比喻义
^^	^^	蛇和蝎子	比喻狠毒的人
单做主语	~+形容词		
^^	~+动词	~+出没；~+蛰伏；~+咬人	
单做宾语	动词+~	如（若）+~	

汉语比喻词语研究

语法功能		本义	比喻义
		蛇和蝎子	比喻狠毒的人
做定语	~+名词		特定搭配 *~+（肚、心、肝）肠
做中心语	名词+~		
	数量词+~		
	形容词+~		

这个词笔者没有搜索到比喻义的用法。"蛇蝎"的比喻用法只出现在"~+（肚、心、肝）肠"中。"~+（肚、心、肝）肠"意思是"像蛇蝎一样狠毒的心肠"。"蛇蝎"的比喻用法其实是把类比特征中描述性的部分抽取出来，词性发生了变化。而义项2仍为名词，指狠毒的人。这个义项在~+（肚、心、肝）肠中是讲不通的。因此，笔者认为，词典的这个释义应该修改。

动词"攻坚"的两个义项语境对比

语法功能		义项1 攻打敌人的坚固防御工事	义项2 比喻努力解决某项任务中最困难的问题
做主语	~+动词		~+需要勇气胆略；~有难易
单做谓语	代+~		
	名词+~		
做动语	~+宾语（谓词性）		
	~+宾语（名词性）		~+一年
做定语	~+名词	具体名词，多与部队、军事相关 ~+战；~+英雄连；~+战术；~+队	抽象名词 ~+战；~+计划；~+阶段；~+县；~+路；~+之年；~+成就；~+能力；~+群体；~+经验；~+任务；~+力度；~+项目；~+的云梯；~+大合唱；~+的硬仗；~+案件

第六章 比喻扩展词语义项的组合能力

语法功能		义项1 攻打敌人的坚固防御工事	义项2 比喻努力解决某项任务中最困难的问题
做中心语	副词+~		共同+~；全力+~
	动词+~		继续+~；敢于+~；善于+~；扶贫+~

从上表可以看到，"攻坚"的词语搭配极为不同。义项1只能做定语，义项2则可以做主语、动语、定语、中心语。二者最常见的搭配是"攻坚战"。语法功能广泛说明比喻义比本义更为常用，组合搭配更为自由。

动词"发火"的五个义项语境对比

语法功能		义项1 开始燃烧	义项2 子弹、炮弹的底火经撞击后火药爆发	义项3 〈方〉发生火警；失火	义项4 （炉灶）生火容易旺	义项5 （~儿）发脾气
做主语	~+动词			~+烧一夜		
单做谓语	代+~					他+~
	名词+~		雷管+~			厂长+~；卢荣景+~；我爷爷+~
做定语	~+名词		~+方式	~+手枪；~+系统；~+装置		~+的原因；~+的事儿；~+的时候
做宾语	动词+~		要+~			没有+~；假装+~；爱+~；想+~
可以带"着、了、过"表动态	~+着/了/过		~+了			~+了
	副词+~		不得+~容易+~	及时+~		不+~；马上+~；当然+~；无缘无故地+~；突然+~
做中心语	形容词+~		快+~	迟+~		常常+~
	~+补			~+失灵		

从上表可以看到，"发火"的义项搭配能力差别较大。义项1只能做定

113

语，义项5的搭配则比较多，几乎可以满足各个动词搭配条件。

动词"梗塞"的两个义项语境对比

语法功能		义项1 阻塞	义项2 局部动脉堵塞，血流停止
单做谓语	名词+～	地点名词：北站+～；喉头+～；长江+～	特殊搭配：（人体器官）心肌+～；脑+～；心脏+～；脑血管+～
做动语	～+宾语（谓词性）		
	～+宾语（名词性）	～+环节	
做宾语	动词+～		
用在肯定否定并列形式提问	V不V		
可以带"着、了、过"表动态	～+着/了/过	～+着	
做中心语	副词+～		
	形容词+～	发展的+～	
	～+补		

二、比喻义项组合分析

（一）自由程度

自由义和非自由义的研究始于20世纪50年代，苏联著名语言学家维诺格拉托夫首次提出："习用范围受限制的词义、句法作用受限制的词义、搭配方式受限制的词义"都是非自由义[1]。20世纪80年代，苏联伏敏娜在此基础上进一步提出，词义可以分为自由义和非自由义两大类[2]。自由义指词按照它所属的词类而自由充当句子成分的意义；非自由义分为三种情况：（1）同熟语联系的意义；（2）受句法制约的意义；(3)受结构限制的意义。

---

[1] 维诺格拉托夫. 词的词汇意义的主要类型[J]. 俄语教学和研究, 1958, 2-3.
[2] 符淮青. 词义的分析和描写[M]. 北京：语文出版社, 1996.

第六章　比喻扩展词语义项的组合能力

戚雨村主编的《语言学百科词典》①进一步缩小了非自由义的范围，认为自由义是"能在自由词组中使用，不依赖相邻的词而独立体现出来的词义"；非自由义（限制词义）指"需依赖相邻的词才能体现出来的词义，只在固定词组中使用"。如"空气"表示"气氛"（政治~、学术~）时是自由义，表示"不好的言论"（放~）时才是非自由义。

自由义和非自由义的分析，可以使人们深入了解词义及词义的组合情况，而这对于词典编纂和词义自动分析是十分有益的。

通过上面对比喻词语语法分布的考察可知，比喻词语大多是受限的，属于非自由义。也有比喻义搭配广泛的情况，比如"落差"②、"尾巴"②的比喻义可以充当不同的句法成分。但是在具体搭配上，仍然受到一定的限制。

1. 做主语

汉语的名词大都可做主语。但是比喻名词"蛇蝎"不能做主语。类似的还有如：

【肺腑】②比喻内心：感人~。

【田地】②地步：想不到他会落到这步~。

【文章】③比喻暗含的意思：话里有~。

有的带上修饰成分才能做主语，如"动脉""落差"。

例1：

南北交通动脉中断。

这条横贯东西、全长938公里的经济大动脉将于年底全线建成。

这条连心的动脉，首先揪住了李仰珍的心，搅得他坐卧不宁。

例2：

经济水平的落差造成了城乡青少年教育状态的差别。

名词如果能够单独做主语，说明该名词独立性强，自由度高。其他句法成分或多或少地从各个方面明示或暗示出词义内容。

2. 做宾语

---

① 戚雨村. 语言学百科词典[M]. 上海：上海辞书出版社，1993.

不能做宾语，如动脉、蛇蝎。

有时只在特定的词语后做宾语，如压迫动脉。

3. 做定语

汉语名词做定语修饰名词历来被看作汉语语法的一个特点。比喻名词也可以做定语修饰名词，如：

【烟花】②旧时指妓女，也指跟娼妓有关的。~女｜~巷。

【咽喉】②比喻形势险要的交通孔道：~要地。

不过，大多数名词的比喻义和修饰的中心语都是固定搭配。如：

【蛇蝎】~肚肠；~心肠；~肝肠。

【红旗】~手｜~单位。

【落差】~中。

也有的名词比喻义不能做定语，只能做中心语：

【风暴】②比喻规模大而气势猛烈的事件或现象：革命的~。

【锋芒】②比喻显露出来的才干：~外露。‖也作锋铓。

【果实】②比喻经过斗争或劳动得到的胜利品或收获：劳动~。

4. 做中心语

名词做中心语，大部分可受名词、数量词的修饰。能受动词、人称代词、数词直接修饰的则只有少数。所以我们把讨论重点放在前者上面。

不能直接受名词修饰，如蛇蝎、饭桶、暗箭、冰霜等的比喻义。

不能受数量词修饰。比喻义往往是抽象的，不能用具体的数量来衡量。如骨头②、盈亏②、视线②、风云②、深浅②等。

以上是名词非自由义的限制情况。下面我们谈谈动词非自由义的限制情况：

1. 做谓语的限制

不能单独做谓语，如放手②、攻坚②、憋气②、饱尝②等。

2. 做述语的限制

大多数比喻动词本身就是一个动宾结构，所以一般不用加宾语，如：

【逼命】②比喻催逼得十分紧急，使人感到紧张，难以应付：真~！这么大的任务，三天内怎能完成！

【缩手】手缩回来，比喻不敢再做下去：病势危重，几位名医都~了。

【吹灯】②〈方〉比喻人死亡：去年一场病，差点儿~。③〈方〉比喻失败；垮台；散伙：前几回都没有搞成，这回又~啦丨两人不知为了什么就~了。

（二）词语搭配

最早提出"搭配"（collocation）这一概念的是英国语言学家Firth（1957），他认为，搭配是词汇层面上词与词之间的联系。

搭配用来进一步揭示具有相同语法功能的名词义位之间的词语组合能力差异。对于非自由义而言，搭配限制更多一些。

1. 搭配词语限于某种特定的义类。如：

【上蹿下跳】①（动物）到处蹿蹦：小松鼠~，寻找食物。②比喻人到处活动（贬义）：~，煽风点火。

这两个义项都能单独做谓语，不同的是①义只能与表示动物类的名词组合，如：

半山腰阔叶蔽日，花香扑鼻，小熊猫、苏门羚上蹿下跳；4000米以上高处，灌丛草甸春似锦，林麝旱獭悠悠漫步。

【当代\人民日报\1996\96News04.txt】

这当然恶作剧，但猕狲们不知底里，上蹿下跳地抢着玩，倒也是现实的缩影。

【当代\文学\佳作1．TXT　文章标题：危楼记事　作者：李国文】

②义只能与指人名词组合：

小姐们此时已经有了经验，不那么害怕，东躲西藏，上蹿下跳……

【当代\文学\王晓波.txt　文章标题：白银时代　作者：王小波】

2. 搭配对象限于某些特定词语，如：

【骨头】比喻人的品质时，通常只与形容词"硬、软、贱"等搭配。

【花招】欺骗人的狡猾手段、计策等。一般与动词"耍、耍弄、玩、想"搭配，做宾语。

【棒喝】比喻促人醒悟的警告，常与"一声""当头"搭配。

【保皇】比喻效忠当权者，常与"党""派"连用。

【并茂】比喻两种事物都很优美，常与"图文""声情"连用。

【包袱底】比喻隐私，常与"抖"连用。

3. 特定格式限制

除在组合中受到不同的词汇搭配限制以外，不少比喻词语还可能受到特定结构格式的制约。如：

【田地】地步。该义位可以与不同的词语搭配，但只能出现在"到……~"这个格式里。

【伤疤】比喻过去的错误、隐私、耻辱等，只出现在"揭（……）~"里。

【倾倒】最常出现在"为/被……之/所~"格式里。

4. 固定搭配

是指那些经过长期使用已经凝固下来的一起出现的组合关系，如：

【覆辙】比喻曾经失败的做法。只能出现在"重蹈~"这个固定搭配里。

【败絮】只出现在"金玉其外，~其中"。

【刀俎】比喻宰割者或迫害者，只出现在"人为~，我为鱼肉"。

【圭臬】比喻准则或法度，只出现在"奉为~"。

【累卵】比喻局势极不稳定，随时可以垮台，只出现在"危如~"。

其所搭配的词语和结构格式都有严格的限制，不能随意更改或插入其他成分。

三、比喻义与本义在句法中的区别

本义和比喻义可以在所处的句子中通过句法或语义信息得到区分的情况：

1. 本义和比喻义的词性不同

【钢铁】①钢和铁的统称，有时专指钢。②比喻坚强：~战士。

"钢铁"的本义是名词，而比喻义是形容词。

2. 本义和比喻义对主语的要求不同

【怒吼】猛兽发威吼叫，比喻发出雄壮的声音：狂风大作，海水~。

一个要求有生命名词做主语，一个要求无生命名词做主语。这个是动词在句中做谓语。有些具有比喻义的名词在句中充当宾语时，也对主语有特定的要求：

【棱角】①棱和角：河沟里的石头多半没有～。②比喻显露出来的锋芒：他很有心计，但表面不露～。

一个要求无生命名词做主语，一个要求有生命名词做主语。

3. 本义和比喻义对定语的要求不同

【尖兵】①行军时派出的担任警戒任务的分队：～班。②比喻工作上走在前面开创道路的人：我们是地质战线上的～。

"尖兵"的本义与军队有关，用作比喻义时其定语则一般是与军队无关的其他领域的名词。

【彼岸】①<书>（江、河、湖、海）那一边；对岸。②比喻所向往的境界：走向幸福的～。

"彼岸"的比喻义可以和与水无关的抽象名词做定语，如"幸福的～""理想的～"。但表示本义的定语只能是表示水域的名词。

4. 本义和比喻义对中心语的要求不同

【肮脏】①脏；不干净。②比喻卑鄙、丑恶：～交易｜～灵魂。

"肮脏"的本义要求搭配的中心语是表示具体事物的名词，比喻义所搭配的中心语是表示抽象事物的名词。

5. 本义和比喻义对宾语的要求不同

【阉割】①割掉睾丸或卵巢，使失去生殖能力。②比喻抽掉文章或理论的核心内容，使失去作用或改变实质。

"阉割"要求的宾语的语义是人或动物，有生命名词；比喻义要求宾语是抽象事物，无生命名词。

具有比喻义的形容词所经常搭配的中心语在数量上比较有限，可以通过对大规模语料库的搜索尽量穷尽性地列举，这无论是对于指导语言学习者还是对于计算机理解词义都是很有帮助的。

四、比喻扩展词语研究小结

比喻扩展词语是指通过比喻手段扩展义项的词语,它的本质是生成比喻义,由于比喻义项的增加,扩展了词语的使用范围。在比喻扩展词语的研究中,我们划定比喻扩展词语的范围,指出比喻义与引申义的关系,总结了比喻义从产生之初到逐渐凝固,最后被词典收纳的过程。然后,从意义的内部构成和外部组合两个方面,对比喻扩展词进行分析。以下为比喻扩展词语研究的相关结论:

(1)比喻义与引申义是上下位关系。

(2)比喻义在从临时活用到收录进词典,这个过程是有迹可循的。主要体现在不同阶段可辨识的标记上。

(3)从意义的内部构成来看,类比性特征对于比喻义的生成意义重大,它是两个义域转化的着力点,或者说是相似点。比喻义的泛化、专化、迁移、词类转移,无不与此关系密切。

(4)从意义的外部组合搭配上看,比喻义大多属于非自由义,在搭配上受到种种限制。这也为计算机识别比喻义奠定了基础。

(5)本义与比喻义的句法要求不同。

比喻对多义词的贡献,说明它不仅是一种分类和比较的手段,它还是一种节约语言文字符号的良好工具。

语 用 篇

  语用学是语言学分支中以语言意义为研究对象的新兴学科领域,是专门研究语言的理解和使用的学问。比喻词语在使用过程中,也存在阐释和理解的问题,从本篇开始,笔者将探讨比喻词语释义,比喻词语认知理解以及比喻词语文化。

第七章　比喻词语释义研究

这一章里，笔者着重谈谈比喻词语的释义。比喻词语的释义前人做过不少研究，取得了较大成绩。随着信息时代的到来，那些词目具有固定格式的（如成语、惯用语）和释文中具有形式标志（如"比喻"字样）的词语得到了进一步的梳理和分析。学者们也力图寻找比喻词语的释义规律，总结它们的释义模式。但是，由于比喻词语在词汇学中未得到充分重视，理论上不够成熟，导致其研究常常附着于其他释义研究之后，比喻词语的释义相较其他词语显得零散、随意、不成系统。事实上，比喻词语是在隐喻思维作用下产生的，喻体承载着一个民族的文化。对比喻词语释义的深入研究，可以促进双语教学，促进中小学的语文教育，促进文化的交流与传承。从这个意义上来讲，比喻词语释义的探讨是不可或缺的。

本章主要研究比喻词语释义类型、释义特点，试图挖掘释义模式，分析比喻词语释义中存在的问题。

第一节　比喻词与比喻义的释义

比喻词语并非都是比喻义。比喻义是通过喻体来体现的，如爱河、螺钉、盲谷、鳞波、门齿、流水席、珍珠米、福如东海、守口如瓶、大步流星、人山人海等词语，由于喻体和本体都直接出现在字面，因而其间的比喻关系很容易使人认为这些词语具有比喻义。其实这是一种误解。比喻义是通过喻体得以实现的，如"鳞波"中的"鳞"、"爱河"中的"河"、"珍珠米"中的"珍珠"、"福如东海"中的"东海"、"大步流星"中的"流星"等喻体本身就具有比喻义，起比喻作用。但这种作用只施于词语内部，因为喻体字面意义的喻指对象就出现在语词内部。而且，词语中出现了本体成分，这意味着喻体只是用来说明词语内部的本体的，自然无法再跟词条外的其他成分发生比喻关系。如喻体"河"是说明本体"爱"的，喻体"螺"是说明本体"钉"的，喻体"流水"是说明本体"席"的。喻体的比喻作用不可能施加到词语之外去，而本体又是以直陈其事的方式显现于字面。因此，它们不具备比喻义，释义中自然也不会体现出来。如：

【爱河】指爱情（爱情像河流一样，人沉溺其中，就不能自拔）。

【螺钉】圆柱形或圆锥形金属杆上带螺纹的零件。也叫螺丝钉或螺丝。

【流水席】客人陆续来到，随到随吃随走的宴客方式。

【珍珠米】〈方〉玉蜀黍。

【福如东海】福气像东海一样无边无际。用作对人的祝颂（多与"寿比南山"连用）。

【大步流星】形容脚步迈得大，走得快。

这一类词语释文当中就不包含"比喻"字样，它们更多的是应用普通词语的释义类型。所以，我们把比喻词中含有"比喻"与不含"比喻"的释义区分开研究。

第二节　比喻词语释义类型

一、比喻词语释义类型概说

现代语文辞书释义基本上划分为五个类型，即定义式、语词对释式、描写和说明式、图表式、综合式，并在此基础上将这些大类细分成多个小类。

与比喻词语密切相关的、且有较大争议的两个问题是：描写式和说明式是否归入一类；定义式能否涵盖描写式和说明式。比如：

【露珠】指凝聚像珠子的露水。也叫露水珠儿。

【贼风】指从檐下或门窗缝隙中钻进的风。

【落汤鸡】形容浑身湿透，像掉在热水里的鸡一样。

【龙洞】天然的山洞，是石灰岩被含有碳酸气的水溶解而部分消失后形成的。

这些词语的释义与普通词语一样，那么，应该把它们归入描写式、说明式还是定义式里？前人说法各不相同。在这里，有必要厘清它们之间的联系与区别。

1. 首先看第一个问题：说明式和描写式能否归入一类

描写式，又可称作描绘式、描述法等。有人认为，描绘式就是指用"比喻""形容"等方式说明语词（程荣，曹炜）；有人认为，描述法就是用描写状态、说明性质、指示方位、限制范围、反衬对比等方法解词。[①]这里的描述显然包括描绘和说明，范围较宽。

还有人从实例出发说明描述法[②]：

【驴】哺乳动物，比马小，耳朵长，胸部稍窄，毛多为灰褐色，尾端有毛。多用作力畜。

【杉】常绿乔木，树冠的形状像塔，叶子长披针形，花单性，果实球形。木材白色，质轻，有香味，供建筑和制器具用。

通过以上各家对描写式的论述，可以看出，描绘式和说明式并没有严格区分开来，常与说明式并谈。

《现代汉语词典》中，"描写"："用语言文字等把事物的形象表现出来"；"描述"："形象地叙述；描写叙述"；说明："（1）解释明白。（2）解释意义的话。（3）证明。"从词语的释义上看，描写与说明并不相同。描写或者叫描述法，往往更侧重形象地阐释意义，而说明法则是对词义直接陈述。因此我们将描写与说明分开，把描写式定义为：不能直接解释和用定义式界定的、通过形象事物间接表达词义外形、大小、性质、状态等的释义方法。它的形式标志是"像……""……形""……状"等。上文所举"露珠""落汤鸡"的释义类型都属于描写式。

[①] 高文达，王立廷. 词汇知识[M]. 济南：山东人民出版社，1980.
[②] 苏宝荣. 词义研究与辞书释义[M]. 北京：商务印书馆，2000.

说明式是通过直陈的方法解释词义。它的形式标志一般用"指……"来表示。上文所举"贼风"的释义就是属于说明式。其他如：

【意匠】指诗文、绘画等的构思设计：别具~。

说明式也可以对事物的各方面特征做具体而详细的解说，相当于诠释。例如：

【甩卖】商店标榜减价，大量出售货物。

【瞬息】一眨眼一呼吸的短时间。

【流星雨】短时间内出现许多流星的现象。

2. 第二个问题是定义式能否涵盖描写式和说明式

不少学者在释义类型中常用定义式总括其他类型。"定义"：《现代汉语词典》解释为，"对于一种事物的本质特征或一个概念的内涵和外延的确切而简要的说明"。它着重于词语概念意义的本质阐释。因此定义式释义基本上按照逻辑学上的"种=种差+类"模式。语文词典的释义是为了读者接受和理解而服务，只要能够明白该词义就基本上达到了释义的目的。所以定义式释义法没有"定义"的概念那样精确、完备，类和种差的位置经常颠倒。如：

【龙洞】天然的山洞，是石灰岩被含有碳酸气的水溶解而部分消失后形成的。

【水煤气】水蒸气通过炽热的焦炭而生成的气体，……用作燃料和化工原料。

可以看出，定义式与说明式是迥然不同的。

定义式中还有一种准定义式，如：

【蓝】像晴天天空的颜色。

【咸】像盐那样的味道。

由于蓝与颜色的词类不同，咸与味道的词类不同，所以不可把颜色看作蓝的上位词，同理，味道也不是咸的真正的上位词。莱昂斯把taste（味道）一词之下的sweet（甜）、sour（酸）、bitter（苦）看作准下位词。与之相对，味道一词就成了准上位词。用准上位词做类词语加上种差说明意义的释义方式叫准定义式释义。形容词中较多的是"……的样子"。[①]

准定义式不如定义式严密,具有形式标志"像",把它们归入到描绘式当中似更为合理。

3. 另外还要说明的是有些人提出的探源式

探源式其实不能单独列为一种释义方式,因为即使讲述词语来源,仍然需要解释词语意义,来源只起到帮助人们理解的作用。因此,探源式不能算作一个释义类型。如:

【洛阳纸贵】晋代左思《三都赋》写成以后,抄写的人非常多,洛阳的纸都因此涨价了(见于《晋书·文苑传》)。比喻著作广泛流传,风行一时。

【扑朔迷离】《木兰辞》:"雄兔脚扑朔,雌兔眼迷离,双兔傍地走,安能辨我是雄雌。"雄兔脚乱动,雌兔眼半闭着,但是跑起来的时候就很难辨别哪是雄的、哪是雌的。比喻事物错综复杂,难于辨别。

后面的"比喻……"才是真正的释义。

这样,我们总结出比喻词语的五种释义类型:定义式、描绘式、说明式、语词式、综合式。

二、比喻词语释义类型

为了统计方便,我们把比喻词语按照释义中有无"比喻"进行分类、测查。释义中没有"比喻"字样的,我们按照定义式、描绘式、说明式、语词式、综合式分别归类;释义中有"比喻"字样的,按照内部释义结构继续分类。

---

① 符淮青. 词义的分析与描写[M]. 北京:语文出版社,1996.

第七章　比喻词语释义研究

（一）不含"比喻"的释义

不含"比喻"词语释义类型

释义类型	说明	词语	定义	描绘	综合	合计
数量	1489	511	342	234	310	2886
比例	51.59%	17.71%	11.85%	8.11%	10.74%	100%

比喻词语拥有相当数量的非比喻释义，这表明，这一类的比喻词语语义凝固程度很高，甚至不需要释义中用"比喻"联系字面意义与实际意义的关系。在以上各种释义方法中，描绘式在释文中暗示了词语义与字面义的关系，在非比喻释义中，这一类词语意义凝固度最差。下面具体说明：

1. 非比喻释义中采用最多的是说明法

说明式是对词语意义直接解释的一种释义法，有时用"指……"作为释义标志，所以有人也称之为"指示法"[①]。这种释义法有直观和形象的优点。它在各音节比喻词语中都占据最重要的地位。双音节与四音节前喻式词语中，采用说明式释义的数量居首（36%、67%）。从比例上看，说明式在四音节中不仅居于首位，而且在各释义方式中居于强势地位。如：

【柳腰】指女子柔软的细腰。
【露珠】指凝聚像珠子的露水。也叫露水珠儿。
【满堂灌】指上课完全由教师讲授的一种教学方式。

比喻词语通过意象折射出真正词义，理解时需要绕点弯儿。对这类词语的解释，超过一半（51.59%）的比喻词语没有采用涵盖相对精准、全面的定义式和形象生动的描绘式，而采用了直接解释的说明式，表明这些比喻词语已经过考验，扎根在词汇系统中，词目的字面义和所指义不用再详加区别，直接指出就可以。

说明式释义法在各类型比喻词语中地位也不相同，如表所示：

[①] 黄廖本《现代汉语》（第335页）：解释某词时指出（指示）所代表的事物，让人们知道词的所指也就解释了词的意义。

比喻词中的"说明式"释义

说明式	前喻	后喻	全喻	合计
数量	309	525	655	1489
比例	20.75%	35.26%	43.99%	100%

从比例上看，全喻式要多于后喻式，后喻式多于前喻式（43.99%、35.26%、20.75%）。如：

【倾巢】（敌军或匪徒）出动全部力量：~来犯。

【抱粗腿】比喻攀附有权势的人。

【首鼠两端】迟疑不决或动摇不定（见《史记·魏其武安侯列传》）。

全喻式词语的隐喻化程度最高，也最为人们所熟知，其次是后喻式，再次是前喻式。

说明式释义法对于抽象的和表示关系的词语较为无助，原因是缺乏概括性，只能靠学习者自己的领悟和教者不断地纠正。但是比喻词语以喻体说明本体，本身既直观又形象，采用说明式释义不失为一种简单有效的方法。

2. 词语式释义法在全部比喻词语释义法中占17.71%，位居第二

【龙舟】龙船：~竞渡。

【柳绵】柳絮。也作柳棉。

【冒火】（~儿）生气；发怒：他气得直~|有话好好说，冒什么火！

【苗裔】〈书〉后代。

【眉峰】指眉毛、眉头。

或者是利用专业词语为比喻词语做释。如：

【马口铁】镀锡铁。

或者用俗语为比喻词语做释。如：

【猫眼】门镜的俗称。

【墨斗鱼】乌贼的俗称。

利用短语解释的词则使意义表达更为简练。如：

【日斑】太阳黑子。

第七章　比喻词语释义研究

【苗条】（女子身材）细长柔美。

【流芳】〈书〉流传美名：～百世。

词语式释义法为什么运用得这么多呢？这和比喻词语自身的存在价值有很大的关系。在已有词语的基础上再造比喻词语，不仅形象、生动，而且能够满足人们不断发展的求新求异的心理。因此，比喻词语一个重要功能就是创造出大量的同义词语。和日常词语相比，利用比喻创造出来的同义词语总是那么新颖、色彩义丰富。所以释义时，人们自然地选择已有常用词语为比喻词语做释。另外，比喻词语要表达一个抽象的概念，除了直接说明以外，利用人们耳熟能详的词语来解释词义也是一个非常便捷的途径。

词语式释义需要注意的是用来解释的词要比被解释的词浅近，不能以难解易。但有的词语式并不是以难解易，而是地位平等，如：

【渴念】渴想。

【月城】瓮城。

这就需要进一步寻找其释义的释义了。

词语释义完全同义的同义词是很少的，绝大多数同义词都各有不同的特点，所以释义中常用<方><书>标明色彩义，加以说明。没加说明的，有的通过配例、加注等其他方式表示。有的则需要进一步斟酌，如：

【子目】细目：丛书～索引｜表册上共有六个大项目，每个项目底下又分列若干～。

查"细目"条：

【细目】详细的项目或目录。

这两条词似有细微不同："子目"中的"子"应对"母"而言，含义是"下位的"；"细目"中的"细"应对"粗"而言，含义是"粗略的"。所以，利用词语式释义时，对同义词不同的特点应该格外仔细审视，必要时加以说明。

词语式释义法在各类型比喻词语中地位也不相同，如：

表　比喻词中的"词语式"释义

词语式	前喻	后喻	全喻	合计
数量	121	175	215	511
比例	23.68%	34.25%	42.07%	100%

这里面还应看到，全喻式采用词语式释义法的比例最高，后喻式、前喻式依次居后。这种比例同样说明，全喻式最为人们所熟知，凝固化程度也最高。

3. 定义式释义法在各类释义法中占第三位

词典中的定义式没有逻辑学中那样精确，但是在一定程度上同样概括出了词目的外延和内涵。它的概括方式就是"种差+类"，有时也可以颠倒，构成"类+种差"。如：

【龙眼】常绿乔木，羽状复叶，小叶椭圆形。花黄白色，圆锥花序。果实球形，外皮黄褐色，果肉白色，可以吃，味甜，也可入药。产于福建、广东等地。

【盲谷】一端被峭壁堵塞的谷地。峭壁下有洞，是地面河流流入地下的地方。多见于石灰岩地区。

【水煤气】水蒸气通过炽热的焦炭而生成的气体，……用作燃料和化工原料。

【骆驼绒】呢绒的一种，背面用棉纱织成，正面用粗纺毛纱织成一层细密而蓬松的毛绒，多用来做衣帽的里子。也叫驼绒。

【美人蕉】多年生草本植物，叶片大，互生，长椭圆形，有羽状叶脉。总状花序，花红色或黄色。供观赏。

值得注意的是，定义式释义法在各比喻类型中比例是极为不同的，其中前喻式比喻词语采用定义式最多，后喻式采用定义式的较少，全喻式采用定义式的极少。如下表：

比喻词中的"定义式"释义

定义式	前喻	后喻	全喻	合计
数量	251	77	14	342
比例	73.39%	22.51%	4.09%	100%

之所以出现这种情况，笔者认为，这与前喻式比喻词语的结构分不开。前喻式比喻词语属于偏正结构，这与定义式释义法结构形式相似。也就是说，前喻式词语一般是前语素为喻体，后语素为本体；定义式释义法则一般是是前者为种差，后者是类。所以前喻式比喻词语较多地采用了定义式。

4. 描绘式释义法数量并不多，在非比喻释义中有234条，占8.11%

【枣红】像红枣儿的颜色。

【袜船】〈方〉没有筒儿的布袜，形状略像船。

描绘式释义法往往有明显的标志，"像……""……状"等，比较容易区分。用描绘式释义中，后喻式数量最多，前喻式次之，全喻式最少。如下表：

比喻词中的"描绘式"释义

描绘式	前喻	后喻	全喻	合计
数量	85	99	50	234
比例	36.32%	42.3%	21.38%	100%

这是因为，前喻式与后喻式词语没有全喻式词语的意义凝固、成型，从字面上可以看出本体和喻体的关系。而描绘式释义符号这两类词语的特点，释义中标志性的词语"像……""……状"实际指出了字面义与实际义之间比喻的关系，因此这两类词语较多地采用了描绘式释义法。

综合式，是各类释义法的综合，其各内容可参看前面的分析。由于数量不是太多，而类型多样，所以不单独加以分析。

（二）含"比喻"词语的释义

比喻词语中另外一部分是含有"比喻"的释义。这一类有明显的标志，容易辨别，前人做过许多研究。如韩敬体、苏新春、胡中文等。需要说明的是，"比喻"是表示词语类型的一个标志，如果把释义中的"比喻"二字去掉，那么，该释义可以归入说明式、描绘式、词语式、综合式等各个类型中。

下面引用的，就是苏新春对于比喻释义①的分析：比喻词语中含"比喻"的释义有以下六种类型：

1. 比喻义为唯一义项

【鬼胎】比喻不可告人的念头：心怀~。

【关门】①比喻停业。②比喻把话说死，无商量余地。③比喻不愿容纳：~主义。

2. 比喻义为独立义项，与其他义项并列

【温床】①冬季或早春培育蔬菜、花卉等幼苗的苗床。通常在苗床下面埋好能发酵生热的马粪、落叶、垃圾等，或利用温泉热、电热等给苗床加温，苗床上面一般装有玻璃窗或塑料薄膜。②比喻对某种事物产生或发展有利的环境：官僚主义是违法乱纪现象的~｜海洋是孕育生命的~。

【一阵风】①形容动作快：同学们~地冲了上来。②比喻行动短暂，不能持久：搞科学实验，不能~。

3. 比喻义依附于本义后，有新的解释

【阿斗】三国蜀汉后主刘禅的小名。阿斗为人庸碌，后来多比喻无能的人。

【肺腑】肺脏，比喻内心：~之言。

4. 比喻义依附于本义后，未做新的解释

【宝库】储藏珍贵物品的地方，多用于比喻：马列主义理论~。

【闯将】勇于冲锋陷阵的将领，多用于比喻：他是技术革命中的~。

5. 比喻义依附于本义后，出现在括注中

【穿针】使线的一头通过针眼：~引线（比喻从中联系）。

【顶礼】跪下，两手伏在地上，用头顶着所尊敬的人的脚，是佛教徒最高的敬礼：~膜拜。

6. "◇"符号比喻义

【暴风雨】大而急的风雨◇革命的~。

以上六种类型反映出来的其实是比喻词语凝固度的过程。

---

① 苏新春，赵翠阳. 比喻义的训释与比喻义的形成[J]. 杭州师范学院学报，2001，5.

第三节　比喻词语释义特点

一、具有形式标志

比喻词语与其他词语不同，本义和实际意义之间存在一种距离，这种距离反映在释义上，则是词目与释义之间需要一些媒介。这就形成了比喻词语特定的形式标志。

1. 提示词

为了确切，一部分语词释义往往需要加以提示，这样就出现了提示词。常用的提示词有比喻、形容、指、称、谓、即、语出、形状等。《现代汉语词典》比喻词语的释义，根据义项的稳固程度往往有不同的标识。最常见的就是比喻、形容、像……、形状。

比喻：

使用于比喻义。"比喻"两字表示字面含义与现用义的联系。除却"比喻"的部分仍可归入各种类型的释义。如：

【洗手】①比喻盗贼等改邪归正。②比喻不再干某项职业：~改行。

形容：

形容是对事物的形状、性质加以描述。和"比喻"不同，"形容"二字不能删去，如果删掉，按照解释的意义词性就会发生变化。

【满堂红】形容全面胜利或到处兴旺。

像：

应用"像"的往往是个明喻式释义结构。在这个结构中，一般都有本体（也可省略）、喻体、喻词（像），十分完整。

【螺旋】像螺蛳壳纹理的曲线形：~体｜~桨。

【血红】像鲜血那样的红色；鲜红：~的夕阳。

含有"像"的释义，应该是最纯粹的比喻词语的释义，因为整个释义结构即是将比喻词语还原成比喻结构的句子。

形状：

"形状"一般放在释义当中，往往引出喻体，指明造词缘由。

【米豆腐】〈方〉一种食品，用大米磨成的浆制成，形状像豆腐。

有时也用"……状"：

【林带】为了防风、防沙等而培植的带状的树林：防风~｜防沙~。

【绵白糖】颗粒很小，略呈粉末状的白糖。

以上是比喻词语释义中采用较多的提示词。有时，这些提示词是综合运用的：

【云散】像天空的云那样四处散开。①比喻曾经在一起的人分散到各个地方：旧友~。②比喻事物四散消失：烟消~。

【蔓延】形容像蔓草一样不断向周围扩展：~滋长｜火势~。

【一阵风】①形容动作快：同学们~地冲了上来。②比喻行动短暂，不能持久：搞科学实验，不能~。

2. 符号标识

"◇"符号。如：

【雪亮】像雪那样明亮：~的灯光｜电灯把屋里照得~◇群众的眼睛是~的。

【火花】迸发的火焰：烟火喷出灿烂的~◇生命的~。

这一符号其实提供了该词语经常使用的比喻语境。由于比喻意义没有稳定下来，所以用"◇"符号表示。

㊂：

这个符号《现代汉语词典》中没有出现，但是在《新华字典》等其他重要词典中出现过。笔者一并提出。《新华字典》一般在词的某意义之后注明由此义派生的意义，并加引、注明二者之间的关系，这个引申义或比喻义、转变义一般不单列义项。这种处理方式其实昭示着词汇学意义分类的思想，即引申义不包括比喻义和转义，三者是并列的。换句话说，词义包括本义、引申义、比喻义、转义。笔者认为，这种分类其实是不甚妥当的，其原因在比喻扩展词语开篇时谈到过。

无论是提示词，还是提示符号，实际上都是对词义的一种限制，使用时要慎重，一方面分清该不该用，一方面在使用时要仔细分辨词义关系，以求准确恰当。

二、例句不丰富

例句其实是词典提供给读者的微观语境。"就语言的学习过程而言，不管是一语还是二语，都是与语境相关联的。"……一个词的意义在于它的使用；我们不能离开词是如何使用的情形而教授新词的意义。"（Carrel，1984：336）

语文词典的目的在于使检索的人理解词义，进而能够应用该词。因此，词典在释义的同时也必须关注词汇学习的策略问题。在理解词义的过程中，很大一部分是依靠语境。苏宝荣（2000）认为：语境对词典编纂的意义主要体现在三个方面：

（1）通过语境，才能全面地认识词义，为辞书释义奠定基础。

（2）通过语境提示，才能在语文辞书中全面显示词义。

（3）通过语境，才能进行词义构成分析，为科学的辞书释义提供条件。

语境线索的处理所依靠的方式将主要是扩展（elaboration）——所谓扩展就是增加信息的羡余度（rdeundancy）。对于词典则主要体现在例证的选用上。

对于比喻词语来说，很多都没有例句。我们统计了一下《现代汉语词典》中比喻词语采用例句的情况。比喻词语共有5804条，采用例句的仅有1612条，占全部词语的27.77%。在1612条里，运用两个以上（含两个）例句的仅有475条，占全部词语的8.18%。当然，这和《现代汉语词典》本身的中等规模有关。即便如此，这个比例也是相当少的。

与普通词语不同，比喻词语的字面意义与实际所指意义是有差别的，因此，理解比喻词语时要拐点弯，部分比喻词语由于历时很久，其中的附加意义消磨殆尽，如果不用例证加以说明，就会导致人们发生误解，以致用错；对于外国学生来讲，其理解与使用则更为困难。所以，对于这类词语，理应增加例句，用恰当的语境帮助学生学习与理解。

例如：

【鹄立】〈书〉直立。

一位同学按照词典中的释义造句，在作文中写到有一次他被老师训斥后的情形是"鹄立低头，深感惭愧"。[①]这是对"鹄立"的错误理解。事实上，"鹄立"还含有翘首企盼的意思。如果释义当中辅以恰当的例证，那么学生的理解将会更为准确。

比喻引申义大多是非自由义，应该是词典配例的重点对象。例句应从各个角度突出展示它们在组合中所受到的特殊限制，尤其是固定格式或固定搭配限制。如：

【墨水】①比喻学问或读书识字的能力：他肚子里还有点儿~。

【通风】①使空气流通：~设备｜把窗子打开，通通风。②透露消息：~报信。

【冰霜】〈书〉①比喻有节操。②比喻神色严肃：凛若~。

"冰霜"一词，则可以在义项①后面加上释例：冷若~。这个组合是最常见的。

再如"主流"和"支流"：

【主流】①干流。②比喻事情发展的主要方面：我们必须分清~和支流，区别本质和现象。

【支流】①流入干流的河流。②比喻伴随主要事物而出现的次要事物。

这个对应不太工整。

"词典里有些词解释之后就可以明白的，不必引例，如日用品的名称、专门术语、历史上名物制度的名称等。"（郑奠，1956）但是，为了更加清楚地说明词义，可以考虑在词义组合分析基础上，把词典的例证加进去。[②]从词义组合分析角度来看，每个义项都有自己的词义分布空间，因

[①] 刘福铸. "鹄立"正义[J]. 福建师范大学福清分校学报，1990，02.
[②] 王惠. 现代汉语名词词义组合分析[J]. 北京：北京大学出版社，2004：190.

而，规范性的语文词典在释义的基础上，应加上适当的例句，揭示出该词必要的组合特征。如果没有配例可以参考，没有一个具体的语境，读者即使知道意义，也不知道如何应用、在什么场合下使用。所以，比喻义的义项应该尽量配出例句。

例句虽然对于理解词语意义重大，但是，我们不赞同因比喻引申义是自由义，从而大量设置例句。本义和比喻义之间，不是凭空想象而来的，往往有一个触发点，这个触发点从语言的角度上来讲，就是搭配的词语提供了亦此亦彼的语境，因此诱发了想象。比如"落差"一词，无论是指具体的河床高度变化所产生的水位的差数，还是指抽象的对比中的差距或差异，都可以和大、小、明显等搭配（如落差很大、很小等）。这种搭配意义上的两面性，促成了比喻义的产生。这种情况下，本义和比喻义有相同的语法位置，此时不需要举出例句。那些有固定搭配的比喻义，是需要词典提供例证的。

比喻词语例句要适度并适量。应当选择能够反映当时的科技发展水平和人们的思想认识水平的例句。这是因为比喻词语的喻体一般源自时代基本范畴内的事物，具有时代性。如：

【王国】《现代汉语词典》修订本1302页：比喻某种特色或事物占主导地位的领域：北京是自行车的～。《现代汉语词典》第5版1430页：比喻某种特色或事物占主导地位的领域：那个城市简直是花的～。

三、义项数量较少，通常比喻义位置靠后

《现代汉语词典》第3版61261个词目中，根据有无独立的释义，可分为两部分。一是有独立释义的，共59104条。其中，只有一个义项的词条有46603个，占78.849%；有两个义项的词条有9210个，占15.593%；有三个和三个以上义项的词条有3291个，占5.558%。

比喻词语以新造词为例。比喻新造词语共计四千余条，其中有一个义项的有4212条，无独立释义的有74条，有两个或两个以上义项的有284条，占6.5%。

可以看到，比喻新造词语义项数量较少。

比喻扩展词语由于从本义（或基本义）滋生，所以比喻义放在本义后面。

【两栖】①有时在水中生活，有时在陆地上生活：~动物｜水陆｜◇~作战。②比喻工作或活动在两种领域：影视~明星。

第四节　比喻词语释义方式

这里的比喻词语，笔者仅指比喻新造词语。其中的释义规律，是笔者从《现代汉语词典》中比喻新造词语的释义中总结出来的。至于比喻扩展词语，前人已有过多次阐述、总结，在这里就不再讨论。

比喻新造词语前文已将其按喻体位置分成前喻式、后喻式、全喻式，它们又有各自的下位类型。下面我们就按照这些类型逐一分析其释义规律。

一、前喻式

1. 喻体+本体型

这一类比喻词语可以分成四种类型：喻体+本体型、（喻体+本体）+（喻体+本体）型、喻体+喻体+本体型、限定/修饰+喻体+本体型。其释义分别解析如下。

（1）喻体+本体型。

这种类型比喻词语的释义方式是：（对象）+特征义+本体（后置语素义，属）。即对喻体加以描绘说明，再加上本体意义。一般不需要补充例证。如：

【板斧】刃平而宽的大斧子。

【笋鸡】做食物用的小而嫩的鸡。

【羊肠小道】曲折而极窄的路（多指山路）。

或者颠倒过来：本体（后置语素义，属）+特征义+（附加说明）。如：

第七章　比喻词语释义研究

【钉螺】螺的一种，卵生，壳圆锥形。生活在温带和亚热带的淡水里和陆地上。是传染血吸虫病的媒介。

【冰糖】一种块状的食糖，用白糖或红糖加水使溶化成糖汁，经过蒸发，结晶而成。透明或半透明，多为白色或带黄色。

【胭脂鱼】鱼，体长而侧扁，背部隆起，成鱼全身粉红、黄褐或暗褐色，供食用。分布在长江上游。有的地区叫黄排。

【方巾气】指思想、言行迂腐的作风习气（方巾：明朝书生日常戴的帽子）。

【流水作业】一种生产组织方式，把整个的加工过程分成若干不同的工序，按照顺序像流水似的不断进行。

这一类词语的意义不是比喻义，因此，不用像、好像、比喻等提示词。对喻体的说明，位置在前在后都可以。喻体有时在释义中暗示出来。如前面所说的"笋鸡"中释义"小而嫩"暗示了喻体与本体的相似点，"胭脂鱼"释义中鱼的颜色暗示了喻体与本体的相似点，而这些也是造词的缘由。

不完善的地方：

【滑车神经】第四对脑神经，从中脑发出，分布在眼球周围的肌肉中，主管眼球的运动。

【羊肚儿手巾】<方>毛巾。

这两条词语释义，由于缺乏必要的对喻体的说明，而使人们只掌握本体意义，不了解造词缘由，影响对该词语的理解。

（2）（喻体+本体）+（喻体+本体）型。

这一类型一般是成语，其主要意义仍然是本体的意义，目的是形容、描绘。因此，释义时不能用"比喻"，一般用"形容"。其释义方式是：形容+本体+特征义。如：

【豹头环眼】形容人的长相威武勇猛。

【鹰鼻鹞眼】形容奸诈凶狠的人的相貌。

【虎背熊腰】形容人的身体魁梧强壮。

【花容月貌】形容女子美丽的容貌。

139

下面这些词语的释义需要修改：

【狼心狗肺】比喻心肠狠毒或忘恩负义。

【铜筋铁骨】比喻十分健壮的身体。

【铜墙铁壁】比喻十分坚固、不可摧毁的事物。也说铁壁铜墙。

这类成语是以字面显示的整体形象对某一事物或现象的性质、状态等加以描述，表现的是一种略带夸张意味的形容义。所以释义时，应该将它们统一归于形容类型的释义方式，而不宜将它们按比喻类型处理，把"比喻"改成"形容"更为恰当。

（3）喻体+喻体+本体型和限定/修饰+喻体+本体型。

这两类词语的释义常采用定义式，其方式是：属+附加说明。对于喻体，一般不加格外说明，相似点也不指出。如：

【榴霰弹】炮弹的一种，弹壁薄，内装黑色炸药和小钢球、钢柱、钢箭等，弹头装有定时的引信，能在预定的目标上空及其附近爆炸，杀伤敌方的密集人马。也叫霰弹、子母弹、群子弹。

【锅驼机】锅炉和蒸汽机连在一起的动力机器，可以带动水车、发电机或其他机械，用煤炭、木柴、重油等做燃料。

【褐马鸡】鸟，体长约一米，羽毛大部分黑褐色，尾羽基部白色，末端黑而且有紫蓝色光泽，可做装饰品，是我国特有的珍禽。

【滚齿机】金属切削机床，用来加工齿轮、涡轮和花键轴等的齿形。加工时，工件和漆刀做相对滚动，滚刀一面旋转，一面推进切削。

【工作母机】制造机器和机械的机器，如车床、铣床、刨床和磨床等。也叫机床、工具机，简称母机。

以上词语喻体和本体都直接出现于字面，两者通过联合、偏正等语法结构关系联结起来，形成了一种明显的比喻关系。这种比喻关系很容易使人认为具有比喻义。其实这是一种误解。词语里面的喻体无法和词条外的其他成分发生比喻关系，因此这类词语都不具备整体性的比喻义，无法作为一个整体对外起比喻作用。

2. 喻体+非本体型（本体的状态）

这一类前面语素为喻体，后面为非本体、但属于本体的状态，即本体

与喻体共有的特点。共有202条:

（1） 喻体+相似点，共有158条，如：

鱼贯、涌现、鼎峙、波动、飞涨、壁立、牛饮、蛰居、雷动、山积、屹立、蠕动、兔脱、星散、油亮、笔直、冰凉、火急、耿直、肤浅、轮回、绵薄、菜青、蟹青、桃红、鱼肚白、橄榄绿、玫瑰紫、鸭蛋圆、冰清玉洁、滚瓜溜圆、珠圆玉润、狼吞虎咽、风驰电掣、虎踞龙盘、天长地久、鼠窃狗盗、川流不息、燃眉之急……还有一个喻体在中间的：连轴转。

"相似点"也叫"喻底"（理查德）、"共体"（袁毓林）。笔者认为，鱼贯、涌现、油亮一类的词，后面的语素不是本体而是相似点。比如在下面的词语当中：

物价飞涨。

他的手冰凉。

本体是物价、手，喻体是飞、冰，相似点是涨、凉。

这一类型词语主要是属于动词和形容词，比喻喻体的状态。

动词的释义方式是：像+前置语素义（喻体）+［一样（那样）］+特征义+相似点（后置语素义）。如：

【鱼贯】像游鱼一样一个挨一个地接连着（走）：～而行｜～入场。

【壁立】（山崖等）像墙壁一样陡立：～千尺｜～的山峰。

【蠕动】像蚯蚓爬行那样动：小肠是经常在～着的。

【轮回】佛教指有生命的东西永远像车轮运转一样在天堂、地狱、人间等六个范围内循环转化。

【屹立】像山峰一样高耸而稳固地立着，常用来比喻坚定不可动摇：～不动｜人民英雄纪念碑～在天安门广场上。

【星散】〈书〉像星星散布在天空那样，指四处分散。

也有部分动词采用白描的手法释义，如：

【鼎峙】〈书〉三方面对立。

【波动】起伏不定；不稳定：情绪～｜物价～。

【飞涨】（物价、水势等）很快地上涨。

这类词语一是鼎峙类，使用语境有限；一是波动、飞涨类，过于熟悉，不必解释喻体。

形容词释义规律：（程度副词）+特征义（后置语素义）。如：

【笔直】很直：～的马路｜站得～。

【笔挺】很直地（立着）。

【冰凉】（物体）很凉：浑身～｜～的酸梅汤。

【油亮】油光（多叠用）：刚下过雨，花草树木的叶子绿得～～的。

【火急】非常紧急。

【肤泛】浮浅空泛：～之论。

【绵薄】谦辞，指自己薄弱的能力：愿在文化工作方面，稍尽～。

四音节形容词则不同，其释义方式是：［像（跟）+喻体（前置语素义）+一样（那样）+相似点］，形容……。这是比较全面的释义，有时，释义中不再解释造词缘由，或者不再解释所指义，只出现前半部分或后半部分。

【珠圆玉润】像珠子那样圆，像玉石那样滑润。形容歌声婉转优美或文字流畅明快。

【虎踞龙盘】像虎蹲着，像龙盘着。形容地势险要。盘也作蟠。也说龙盘虎踞。

【天长地久】跟天和地存在的时间一样长，形容永久不变（多指爱情）。

【风驰电掣】形容像刮风和闪电那样迅速。

【狼吞虎咽】形容吃东西又猛又急。

【川流不息】（行人、车马等）像水流一样连续不断。

四音节形容词语的主要意义仍然是后置语素的主要意义。后置语素不是比喻性质，所以释义时不宜采用"比喻"的说法。像下面这样的比喻词语释义，需要改变：

【燃眉之急】像火烧眉毛那样紧急，比喻非常紧迫的情况。

【玉洁冰清】比喻高尚纯洁。也说冰清玉洁。

其中的"比喻"改为"形容"似乎更为妥当。

（2）喻体+修饰/限制/说明/类属。

这一类词语的中心意义仍然是后置语素义。但由于比喻色彩淡化，一般不需要在释文中进行格外提示，常采用说明式直接释义，共有44条，如：

【板实】〈方〉（土壤）硬而结实：地～，不长庄稼。

【锁国】像锁门似的把国家关闭起来，不与外国来往：闭关～。

【翼侧】作战时部队的两翼：左～｜右～。也说侧翼。

以上词语喻指语素意义已经凝固。

二、后喻式

1. 本体+喻体

这一类词语的释义结构是偏正型，与定义式释义比较相似，如：

【妒火】指极强烈的忌妒心：～中烧。

【葱花】（～儿）切碎的葱，用来调味。

【怒火】形容极大的愤怒：压不住心头的～｜～中烧。

【雪花】空中飘下的雪，形状像花，因此叫雪花：北风吹，～飘。

可以将其释义方式归纳为：特征义（喻体）+本体（后置语素义）。

有时可以颠倒，但由于后置语素的特殊性，在说明时常常采用"像……""……状"加以描绘。

【瀑布】从山壁上或河身突然降落的地方流下的水，远看好像挂着的白布。

【米豆腐】〈方〉一种食品，用大米磨成的浆制成，形状像豆腐。

【水煤气】水蒸气通过炽热的焦炭而生成的气体……用作燃料和化工原料。

四音节的比喻词语，其释义方式较易归纳：（字面义）+形容+本体+特征义，如：

【口蜜腹剑】嘴上说得很甜，满肚子却怀着害人的坏主意。形容人阴险。

【枪林弹雨】枪支如林，子弹如雨。形容激战的战场：他是个老战士，在~中多次立功。

　　【米珠薪桂】米像珍珠，柴像桂木，形容物价昂贵，生活困难。

　　【人山人海】形容聚集的人极多：体育场上，观众~。

　　【唇枪舌剑】形容争辩激烈，言辞锋利。也说舌剑唇枪。

　2. 与本体相关的整体或部分+喻体

　前置语素义+本体（后置语素喻指义）+［说明（功能、形状、性质等）］：

　　【钉帽】钉的顶端，是承受锤打或旋转的部分。

　　【碑额】碑的上端。也叫碑首或碑头。

　　【鳖裙】鳖的背甲四周的肉质软边，味道鲜美。有的地区也叫鳖边。

　　【安乐窝】指安逸舒适的生活处所。

　　【报屁股】指报纸版面上的最后的位置（含诙谐意）：~文章。

　　要说明的是，"后置语素喻指义"往往是比较抽象的含义，体现了人们具体喻抽象的普遍性思维。由于抽象义意义较虚、较宽，所以易使人认为是定义式的释义方法。如：

　　【死亡线】指危及生存的境地：在~上挣扎。

　　【生物钟】生物生命活动的周期性节律。这种节律，经过长时期的适应，与自然界的节律（如昼夜变化、四季变化）相一致。植物在每年的一定季节开花、结果，候鸟在每年的一定时间迁徙，就是生物钟的表现。

　　"线"喻指境地，这个境地狭窄、细小、易断，突出了危机；"钟"是报时器具，因为准确、周而复始地行动，所以用来喻指"周期性节律"。二者借用联想相似思维巧妙地联结起来。但是，"线"与"境地"、"钟"与"周期性节律"之间在逻辑上不存在种属关系，所以不能看作定义式释义。

　　这一类还有一种较为特殊的词语，即：

　　如弟、如虎添翼、如花似锦、如火如荼、如饥似渴、如胶似漆、若虫、若明若暗、如雷贯耳、如鸟兽散、如日中天、如丧考妣、如释重负、如数家珍、如汤沃雪、如兄、如蚁附膻、如影随形、如鱼得水、如坐针毡、如臂使指、如出一辙……

它们的释义方式是（字面义，像……）+形容+本体+特征义：

【如花似锦】形容风景前程等十分美好。

【如饥似渴】形容要求很迫切。也说如饥如渴。

【如出一辙】形容两件事情非常相像。

【如释重负】像放下重担子一样，形容心情紧张后的轻松愉快。

【如数家珍】像数自己家里的珍宝一样，形容对列举的事物或叙述的故事十分熟悉。

这类词的词义并不是比喻义，主要是为了描绘本体的形状、性质等，所以应该在释文中加"形容"，而不是"比喻"。像下面这些释义，应该修改：

【如鱼得水】比喻得到跟自己很投合的人或对自己很适合的环境。

【如日中天】比喻事物正发展到十分兴盛的阶段。

【如汤沃雪】像热水浇在雪上，比喻事情极容易解决。

三、全喻式

1. 本体+相似点+喻词+喻体

其释义规则是（字面义）+形容+（本体）+特征义：

【面如土色】脸色跟土一样，没有血色。形容极端惊恐：吓得～。

【门庭若市】门口和庭院里热闹得像市场一样，形容交际往来的人很多。

【日月如梭】太阳和月亮像穿梭似的来去，形容时间过得很快。

【视死如归】把死看作像回家一样。形容不怕死。

【目光如豆】形容眼光短浅。

【挥金如土】形容任意挥霍钱财，毫不在乎。

【口若悬河】形容能言善辩，说话滔滔不绝。

2. 整个词语纯粹为喻体的

如撕票、鳌头、附骥、砭骨、佛手、瓜葛、圪针、隔山、攻错、扒皮、钩沉、龟足、鬼胎、泡汤、炮灰、亲炙、换马、回肠、寸刻、毒手、顶梁柱、倒牌子、跟屁虫、白眼狼、摆架子、闭门羹、狗咬狗、牛鼻子、鬼剃头、滚刀肉、抓破脸、竹叶青、赶潮流、赶浪头、比翼鸟、扯后腿、遍地开花、藏龙卧虎、藏头露尾、不容置喙、唱独角戏、拨云见日、白日见鬼、板上钉钉……

　　这一类词语都是整体做喻体，因此释义当中一般都含有"比喻"；有些词语因为时间久远，释义时要介绍词义来源。

　　名词的释义方式是（词源）+（比喻）+特征义+对象+（附加说明）：

　　【鬼胎】比喻不可告人的念头：心怀~。

　　【炮灰】比喻参加非正义战争去送命的士兵。

　　【牛鼻子】比喻事物的关键或要害：弄清词义古今异同的情况，就牵住了学习古汉语的~。

　　【滚刀肉】〈方〉比喻不通情理、胡搅蛮缠的人。

　　【芝兰】芝和兰是两种香草，古时比喻德行的高尚或友情、环境的美好等：~之室。

　　【柱石】柱子和柱子下面的基石，比喻担负国家重任的人：中国人民解放军是我国人民民主专政的~。

　　【冰炭】比喻互相对立的两种事物：~不相容（比喻两种对立的事物不能并存）。

　　【草芥】比喻最轻微的、无价值的东西：视富贵如~。

　　【镜花水月】镜中的花，水里的月。比喻虚幻的景象。

　　【风口浪尖】比喻社会斗争最为激烈、尖锐的地方。

　　【牛溲马勃】牛溲是牛尿（一说车前草），马勃是一种菌类，都可做药用。比喻虽然微贱但是有用的东西。

　　词源和比喻有时可以省略。

　　动词的释义方式是比喻+实指义。相似的特征一般不再提及。

　　【扒皮】比喻进行剥削。

　　【附骥】蚊蝇附在好马的尾巴上，可以远行千里。比喻依附名人而出名。也说附骥尾。

第七章 比喻词语释义研究

【狗咬狗】比喻坏人之间互相倾轧、争斗。

【赶潮流】比喻追随社会时尚，做适应形势的事。

【藏龙卧虎】比喻潜藏着人才。

【唱独角戏】比喻一个人独自做某件事。

【改弦更张】琴声不和谐，换了琴弦，重新安上。比喻改革制度或变更方法。

【不到黄河心不死】比喻不到绝境不肯死心，也比喻不达到目的决不罢休。

【胳膊拧不过大腿】比喻弱小的敌不过强大的。也说胳膊扭不过大腿。

【百足之虫死而不僵】原指马陆这种虫子被切断致死后仍然蠕动的现象（《本草纲目·马陆》：弘景曰："此虫甚多，寸寸断之，亦便寸行。故《鲁连子》云：'百足之虫，死而不僵。'"）。现用来比喻人或集团虽已失败，但其势力和影响依然存在（多含贬义）。

形容词的释义方式为（形容）+（程度副词）+特征义：

【蝇头】形容非常小：~小楷｜~微利。

【一线2】形容极其细微：~阳光｜~光明｜~希望｜~生机。

【倾盆】形容雨极大：~大雨。

【鼎沸】〈书〉形容喧闹、混乱，像水在锅里沸腾一样：人声~｜舆论~。

【鬼祟】①偷偷摸摸；不光明正大：行为~｜只见一个人鬼鬼祟祟地探头探脑。

也有一部分此类词语释义中去掉"比喻"，直释其义，如：

【亲炙】〈书〉直接受到教诲或传授。

【泡汤】〈方〉落空：这笔买卖~了。

【毒手】杀人或伤害人的狠毒手段：下~｜险遭~。

【龟足】甲壳类动物，身体外形像龟的脚，有石灰质的壳，足能从壳口伸出捕取食物。生活在海边的岩石缝里。也叫石蜐。

【隔山】指同父异母的兄弟姐妹之间的关系：~兄弟。

以上词语，除"毒手"的意义容易被人理解之外，其他各词的含义并不好理解。加上"比喻",表明词义的语义联想关系,对于理解来说,应该有所帮助。

四、说明

1. 非常规释义模式

词语释义无不以寻找规律为目的。汉语语文辞书释义中,为准确揭示被释词语而建立了相应的释义模式。这些释义模式对于以逻辑关系为基础创造的词语是行之有效的,但是,对于以联想关系为基础创造的词语却影响甚微。运用比喻创造出的新词新义,很难通过逻辑语义模式加以阐释,因此常常成为模式之外的"特例"。

同时,比喻词语的释义虽然在词典中也有相应的说解,但往往是经验式的,缺乏自觉性和系统性,比较随意。为了避免这种随意性,力求语文辞书释义的规则性和准确性,我们试图在归纳和分析的基础上总结比喻词语的释义规律。

2. 定义式释义

定义式释义大多应用于名词类的词语。在比喻词语中,很多释义结构与定义式释义极像。比如:

【禄蠹】〈书〉指追求功名利禄的人。

【雪糕】一种冷食,用水、牛奶、鸡蛋、糖、果汁等混合搅拌冷冻而成,形状像冰棍儿。

以上两例符合"种差+属"或"属+种差"结构。但是,它们不应算作定义式释义。处在中心语位置上的词语表示在比喻的意义上被解释词代表的事物所属的类别,修饰语表示事物的特征。它们不能构成严格意义上的种属关系。

但是像下面这样的比喻词语就应是定义式:

【螺钉】圆柱形或圆锥形金属杆上带螺纹的零件。也叫螺丝钉或螺丝。

【眉批】在书眉或文稿上方空白处所写的批注。

中心语与被解释词代表的事物所属类别相同,应该属于定义式释义。

所以，尽管表名物词的释义模式中，"定义式释义是大多数名物词的释义模式"①，而比喻词语中名词类词语数量居首，但定义式释义法却不是应用最多的。

3. 特征义

比喻词语之所以能够因联想而成词，具有相似的特征是重要原因。特征义是比喻词语释义中一条非常重要的元素。在前面13条释义规律中，10条规律中都含有特征义。

特征义是一个比较笼统的说法。它包括性质、状态、形状、大小、颜色、功能等要素。之所以凸显一处特征而忽略其他特征，与使用这种语言的民族文化息息相关。在后面"文化"一章中，我们会说明哪一种特征容易被优先选择，哪一种次之。

特征一般为本体和喻体共有，如：

【羊肠小道】曲折而极窄的路（多指山路）。

"曲折而极窄"是羊肠和小道的共同特点。

【花容月貌】形容女子美丽的容貌。

"美丽"是女子和"花""月"的共同特点。

有时特征义语义指向仅是本体。如：

【炮灰】比喻参加非正义战争去送命的士兵。

【壁立】（山崖等）像墙壁一样陡立：～千尺｜～的山峰。

"送命的"是特征义，它体现的是"士兵"的特征。"陡"是山崖等和墙壁的共同特征，事实上，墙壁与地面是垂直的，而"陡"是有一定坡度的，所以"陡"语义指向其实是山崖等这样的本体。

可能有人会产生疑问，我们的词汇当中，已经有了诸如大、小、多、少、好、坏、美、丑、热、冷、晴、阴、净、脏等表示特征性质的词，为什么还要采用比喻词语来表示性状特征呢？这与汉族人的思维有很大的关系。我们知道，在各词类当中，名词产生应该是最早的。这是基于人们对于事物交流的需要。名物都有一定的形象特征，用来形容事态更有具象性，更

---

① 符淮青. 词义的分析与描写[M]. 北京：语文出版社，1996：119.

加直观，也符合认知规律。而描写事物性状的形容词则出现较晚，徐通锵认为"上古汉语性状接近于无"（徐通锵，2001），这种情况下，就只好通过具有突出特征的名词或动词等其他词类来表示性质。如"蚕食"等描摹行为的"名+动"式动词上古就已出现。而"雪白"等描摹性状的"名+形"式状态形容词中古才见（何乐士，2000）。

这种描写性特征的突出实际上是汉族人思维的体现。古语没有直接描写性状的，这种功能如何实现？往往通过意会，找一个意象，这个意象具有意会需要的典型特征，所以一见到它，差不多就领会了这个词想要说明的含义。今天的许多新造词仍然采用这种造词方式。这种词语的特征也给了人们很大的想象空间。比如"熊抱"，像熊一样地抱住人，那么熊究竟怎样抱人，每个人的想象可能各自不同。

4. 其他

单独要素加上括号，表示可以省略的部分。如：（形容）+（程度副词）+特征义，"形容""程度副词"都可以在释义时根据需要补上或略去。方括号里的内容也是可以省略的部分。如：像+前置语素义（喻体）+［一样（那样）］+特征义+相似点（后置语素义），其中的［一样（那样）］可以省略。

释义要素后加括号，里面的内容有解释说明括号外部分的作用。如：（对象）+特征义+本体（后置语素义，属），"后置语素义"表明本体位置，"属"表明类别。

第五节　已有辞书中比喻词语释义存在的问题

一、缺少系统性

词典作为工具书，在追求释义准确性的基础上还应该考虑释义的规范性与系统性问题。一组词语，如果结构方式、词性特征大体一致，其释义模式也应该存在着一定的联系。

第七章 比喻词语释义研究

比喻词语基于发散思维联想生成，犹如一盘散沙，很难对其进行梳理、归类。前人对比喻词语的系统性关注也不多。这样使得比喻词语的释义显得零散、随意，不能保持系统内相对平衡，影响了释文的准确性。

事实上，比喻词语同样可以和其他词语构成相对封闭域的集合，在这个集合内，若干词语的释义模式应该大致相同。这是词典释义系统性的重要体现。比如：

【酱】像酱的糊状食品。

以酱为喻造出的词有：果酱、果子酱、花生酱、芝麻酱。我们来看词典对这些词语的释语：

【果酱】用水果加糖、果胶制成的糊状食品。也叫果子酱。

【果子酱】果酱。

【花生酱】把花生米炒熟、磨碎制成的糊状食品。

【芝麻酱】把芝麻炒熟、磨碎而制成的酱，有香味，用作调料。也叫麻酱。

"芝麻酱"中的表示类的名词"酱"不准确，应该改成"糊状食品"。这是由于缺乏对比喻词语系统性认识造成的释义不准确。再如：

【泥】半固体状的像泥的东西：印～｜枣～｜蒜～。

再来看以"泥"为语素构成词语的释语：

【印泥】盖图章用的颜料，一般用朱砂、艾绒和油制成，印出来是红色。

【枣泥】把枣儿煮熟后去皮去核捣烂制成的泥状物，做馅儿用：～月饼。

【蒜泥】捣得非常烂的蒜，用来拌菜或蘸菜吃。

【胶泥】含有水分的黏土，黏性很大。

【橡皮泥】用白石蜡、火漆、生橡胶、陶土、水泥、石膏等材料掺和颜料制成的泥，柔软有塑性，不容易干，供儿童捏东西玩儿。

以上词语释义中，只有"枣泥"的释义比较准确，标出了"泥状物"，其他蒜泥、胶泥都含有泥状物又软又烂的特点，也可以解释得通。"橡皮泥"则不太准确，用"泥状物"比单用"泥"更准确。"印泥"里

151

的释语，没有体现出语素"泥"的任何痕迹，这样的释文会使人费解。所以，如果采用分解语素的释义方法，应该把"泥状物"放在释义当中。如果为经济简省起见，去掉"泥状物"，那么释语中也应该包含"泥"的性质特点的语词。

二、释义术语不一致

这个主要体现在"比喻"和"形容"的混用上，如（喻体+本体）+（喻体+本体）型词语，有的用"形容"：

【豹头环眼】形容人的长相威武勇猛。

【鹰鼻鹞眼】形容奸诈凶狠的人的相貌。

【虎背熊腰】形容人的身体魁梧强壮。

【花容月貌】形容女子美丽的容貌。

有的用"比喻"：

【狼心狗肺】比喻心肠狠毒或忘恩负义。

【铜筋铁骨】比喻十分健壮的身体。

【铜墙铁壁】比喻十分坚固、不可摧毁的事物。也说铁壁铜墙。

这类成语是以字面显示的整体形象对某一事物或现象的性质、状态等加以描述，表现的是一种略带夸张意味的形容义。所以释义时，应该将它们统一归于形容类型的释义方式，而不宜将它们按比喻类型处理。

再如四音节形容词性成语，有的提示语用"形容"：

【天长地久】跟天和地存在的时间一样长，形容永久不变（多指爱情）。

【风驰电掣】形容像刮风和闪电那样迅速。

【狼吞虎咽】形容吃东西又猛又急。

有的则用"比喻"：

【燃眉之急】像火烧眉毛那样紧急，比喻非常紧迫的情况。

【玉洁冰清】：比喻高尚纯洁。也说冰清玉洁。

时而"形容"，时而"比喻"，经常混用，让人无所适从。

三、义项问题

1. 义项的设立与更新

有必要为构词频率高、比拟性质或形状的语素单独列义。

如"云",在前喻式和后喻式词语中都作为喻体而出现:

【红云】比喻脸上呈现的红晕:两颊泛起~。

【愁云】比喻忧郁的神色或凄惨的景象:~惨雾|满脸~。

【云板】旧时打击乐器,用长铁片做成,两端为云头儿形,官署和权贵之家多用作报时报事的器具。也作云版。

【云豹】哺乳动物,四肢较短,尾较长。毛淡黄色,略带灰色。有云块状斑纹,因而得名。毛皮柔软,花纹美观,可制衣物。也叫猫豹。

【蘑菇云】由于原子弹、氢弹爆炸而产生的蘑菇形的云状物,其中含有大量烟尘。火山爆发及星体碰撞等也能形成蘑菇云。

【云鬟】〈书〉妇女的多而美的鬟发。

【云集】比喻许多人从各处来,聚集在一起:各代表~首都。

【云锦】我国一种历史悠久的高级提花丝织物,色彩鲜艳,花纹瑰丽如彩云。

【云锣】打击乐器,用十个小锣编排而成,第一排一个,以下三排各三个,装置在小木架上。各个锣的大小相同而厚薄不同,所以发出的声音不同。最上面的一个不常用,因此也叫九音锣。现在云锣有所发展,已不止十个。

【云片糕】用米粉加糖和核桃仁等制成的糕,切做长方形薄片。

【云散】像天空的云那样四处散开。①比喻曾经在一起的人分散到各个地方:旧友~。②比喻事物四散消失:烟消~。

【云梯】攻城或救火时用的长梯。

【云消雾散】比喻事物消失净尽。

【云游】到处遨游,行踪无定(多指和尚、道士):~四海。

【战云】比喻战争的气氛:~密布。

【青云】比喻高的地位:平步~。

【香云纱】一种提花丝织品,上面涂过薯莨汁液,适于做夏季衣料,

153

主要产地是广东。也叫薯莨绸、拷纱。

【闲云野鹤】比喻闲散安逸不受尘事羁绊的人,旧时多指隐士、道士等。

【星云】由气体和尘埃组成的云雾状天体。

【疑云】像浓云一样聚集的怀疑:驱散~丨~难消。

【烟消云散】比喻事物消失净尽。也说云消雾散。

【风卷残云】大风吹散残存的浮云。比喻一下子消灭干净。

从上面词语来看,"云"在词目中的意义大概可分成两个:一个是"形状像云的"或"云状物",如云板、云豹、蘑菇云、云片糕、云锣、星云;一个是利用云的性质状态进行比喻的,如红云、愁云、云鬓、云集、云散、云梯、云游、战云、青云、香云纱、闲云野鹤、疑云、烟消云散、风卷残云。以"云"做喻指语素的词语这样多,但却没有像其他喻指语素一样在相关字目下列出喻指语素意义。这是一个缺憾。

再如:

【风平浪静】没有风浪,水面很平静。比喻平静无事。

【风起云涌】①大风起来,乌云涌现:~,雷电交加。②比喻事物迅速发展,声势浩大。

这两个成语的释义不同。"风平浪静"没有为本义单独列出义项,"风起云涌"却设立了两个义项。

为此笔者搜索了北京大学CCL现代汉语资料,"风平浪静"和"风起云涌"本义与比喻义使用频率差别较大:

"风平浪静""风起云涌"本义与比喻义

词目	本义	比喻义	合计
风平浪静	106条	143条	242条
风起云涌	6条	249条	255条

从表中数字来看,"风平浪静"本义使用较多,应该单独列出义项,"风起云涌"本义使用较少,倒是可以考虑删除本义的义项。词典中的释义需要重新采证,重新设置。

比喻扩展词语的意义有时会出现继续泛化的现象,当这种现象比较普遍时，就要及时整理。比如：

【动脉】比喻重要的交通干线。

但是在实际应用中，"动脉"能够搭配的不只是"交通"。如：

经过我们对"动脉"的考察，发现，乌鲁木齐至霍尔果斯口岸光缆的贯通，标志着我国东西方向的通信传输大动脉建成，它对于改善新疆的投资环境，发展新疆经济，有着十分重要的意义。

建立南连珠江三角洲直通港九国际市场、北接长江流域经济大动脉的开放式市场经济。

"千古销魂蜀道难"成为历史，四川从此有了一条北上南下的钢铁动脉。

如果说莒南的苎麻厂为贫困的老区县造就了经济主动脉的复苏，那么"家庭手工业"的发展，可以说激活了沂蒙山老区肌体……

（以上例句选自北京大学CCL语料库1995年人民日报）

"动脉"的意义已经不局限于"血管""交通"，而是和"通信""经济""钢铁"组合，这说明该词的自由程度加大，词义泛化，在这种情况下，有必要对词语的释文及时做出调整，更改释义。

2. 义项分合不恰当

比喻义项的分立与整合也需要进一步揣摩，如：

【耳】②形状像耳朵的东西：木~｜银~。③位置在两旁的：~房｜~门。

这里的比喻义项的分立十分恰当。再如：

【脚】②东西的最下部：墙~｜山~｜高~杯。

这一义项就需要仔细考虑了。因为以脚作喻的词语有很多，如针脚、裤脚、泔脚、阵脚、注脚、大脑脚、山脚、雨脚、线脚、韵脚等。其中"脚"的意思未必都是东西的最下部，如：

【针脚】①衣物上针线的痕迹：棉袄上面有一道一道的~｜顺着线头找~。②缝纫时前后两针之间的距离：~太大了｜她纳的鞋底~又密又匀。

【雨脚】指像线一样一串串密密连接着的雨点。

155

【注脚】解释字句中的文字。

【韵脚】韵文句末押韵的字。

【泔脚】〈方〉倒掉的残汤剩菜和刷过锅碗的水。

"脚"的含义，除了具体的事物的最下部，似乎还应该补充上表示末尾的含义。

四、配例不当

如：

【短见】①短浅的见识。②指自杀：自寻～。

【宝货】①珍贵的物品。②活宝。

这两个词结构比较相似，而且第二个义项都不是简单的语素义的加合，而是在第一个义项的基础上通过引申比喻而来，应该用例子来加深理解。但"短见"配了例，"宝货"却没有配例。这样的处理就有失统一性的原则。

再如：

【动荡】②比喻局势、情况不稳定；不平静：社会～｜～不安｜～的年代。

【掉价】②比喻身份、排场降低。

这两个词都用的比喻义，而且常用性、重要性相当，但处理却不一样。

【改换门庭】①改变门第出身，提高社会地位。②投靠新的主人或势力，以图维持、发展。

这两个义项本身较难理解，读者仅靠释义很难清楚地将它们区别开，所以应该给这样的多义词的每个义项配例。

还有配例与释义不对应的例子，如：

【待承】招待；看待：老汉拿出最好的东西～客人。

"待承"有"招待"和"看待"两个方面的意义，而只给"招待"意义加上了例子，没有照顾到"看待"的意义。

反义词语的释义配例也要注意，如：

【低调】（~儿）低的调门儿，比喻缓和的或者比较消沉的论调。

【高调】（~儿）高的调门儿，比喻脱离实际的议论或说了而不去实践的漂亮话：唱~。

【改辙】比喻改变办法。

【覆辙】翻过车的道路，比喻曾经失败的做法：重蹈~。

这两组反义词，给"高调""覆辙"配了例，却未给"低调"配例。这两个词虽然互为反义词，但词义和搭配并不完全对应，所以我们并不能这样类推：有唱高调，就有唱低调。就因为"低调"没有配例，有些人就会想当然地把它和"高调"对应起来，影响理解的准确性。

五、本章小结

释义属于语言应用研究。本章主要针对比喻词语的释义进行共时描写。

比喻词语并非都具有比喻义。释义中不含"比喻"字样的比喻词语释义类型有说明式、词语式、定义式、描绘式、综合式。其中说明式释义法应用最广，后面依次是词语式、定义式、综合式、描绘式。含"比喻"的比喻词语则可按凝固程度分成六种类型[①]。

比喻词语的释义有三种特点：具有形式标志，例句不丰富，义项数量较少且比喻义的位置通常居后。

比喻词语的释义方式主要针对比喻新造词语而言。如下表：

[①] 苏新春，赵翠阳. 比喻义的训释与比喻义的形成[J]. 杭州师范学院学报，2001，5.

比喻词语类型				释义方式	例词
前喻式	喻体+本体	喻体+本体		（对象）+特征义+本体（后置语素义，属）	笋鸡
		（喻体+本体）+（喻体+本体）		形容+本体+特征义	豹头环眼
		喻体+喻体+本体型和限定/修饰+喻体+本体型		属+附加说明	褐马鸡
	喻体+非本体型	喻体+相似点	动词	像+前置语素义（喻体）+〔一样（那样）〕+特征义+相似点（后置语素义）	壁立
			形容词 双音节	（程度副词）+特征义（后置语素义）	笔直
			形容词 四音节	〔像（跟）+喻体（前置语素义）+一样（那样）+相似点〕，形容……	天长地久
后喻式	本体+喻体	双音节、三音节		特征义（喻体）+本体（后置语素义）	雪花
		四音节		（字面义）+形容+本体+特征义	口蜜腹剑
	与本体相关的整体或部分+喻体	非本体+喻体		前置语素义+本体（后置语素喻指义）+〔说明（功能、形状、性质等）〕	钉帽
		特殊		（字面义，像……）+形容+本体+特征义	如日中天
全喻式	本体+相似点+喻词+喻体			（字面义）+形容+（本体）+特征义	日月如梭
	整个词都是喻体	名词		（词源）+（比喻）+特征义+对象+（附加说明）	炮灰
		动词		比喻+实指义	扒皮
		形容词		（形容）+（程度副词）+特征义	蝇头

第八章　面向对外汉语教学的国俗词语释义研究

语言反映的是经过人类认识这个透镜滤过的现实，不同民族的语言既存在共性也存在个性。国俗词语是语言个性的体现。所谓国俗词语，就是反映本民族文化特有的概念而在别的语言中无法对译的词语，也就是说，是别的语言中很难找到与之完全对应的"非等值词语"。[①]国俗词语的语义和结构都渗透了民族特点，这些特点给外国学习者的理解和使用带来一定的困难，而外国人的汉语学习进入中高级阶段以后，碰到国俗词语的机会越来越多。在这种情况下，如何有效解释国俗词语，从而准确传达中国文化就变得十分重要了。许多从事一线汉语教学工作的教师指出了国俗词语的教学难点并提出了相应的对策（如：朱芳华，2006；高燕，2008），但是，面向外国学生的国俗词语在解释的角度和方法，以及释义的深度等方面仍有进一步研究的必要。

国俗词语是一个统称，其内部可继续分析出不同的类别。据梅立崇[②]，国俗词语可以分为五类：（1）名物词语（2）制度词语（3）熟语（4）征喻词语（5）交际词语。本书即以其中的一类——比喻词语为例探讨国俗词语的解释。

David Wilkins有一个被广泛引用的观点："没有语法，表情达意很受限制，但没有词汇，就什么也达不了。"[③]词汇是对外汉语教学的基础，国俗词语是词汇系统中的特色部分，加强国俗词语研究对于对外汉语教学及词汇本体研究有重要的意义。

[①] 赵金铭. 对外汉语教学概论 [M]. 北京：商务印书馆，2005：381.
[②] 梅立崇. 汉语国俗语词刍议 [J]. 世界汉语教学，1993，1.
[③] 原文是：Without grammar very little can be conveyed, without vocabulary nothing can be conveyed. 转引自Thorbury, S.（2003）.

第一节 当前国俗词语的释义方法分析

对外汉语教学中，教师在解释国俗词语时能够求助的多为针对本民族学习者编纂的语文词典；遇到不能满足需要的情况，教师能够依赖的就是前人和自身在教学实践中积累的经验了。这两种办法是目前国俗词语解释的主要方面。

一、依据词典释义法

现代语文辞书释义基本上划分为五个类型：定义式、语词对释式、描写和说明式、图表式、综合式[①]。在这几种释义方法中，定义式通常用"属差+类"或"类+属差"的方式对概念的本质做确切的说明，因此是辞书中释词的主要方法。其他几种释义方法各有优点，但较之定义式相对简洁，所针对的释义对象主要为本族人。比如：

【牛脾气】倔强执拗的脾气。

该词使用了说明式方法进行释义。但是该释义对于没有相同文化背景的留学生来说有时并不容易理解。就国俗词语来说，真正用定义式释义的词语是很少的，其他释义方法则得到较多的运用。以比喻词为例，《现代汉语词典》（1996版）里不含"比喻"的比喻词释义情况如下[②]：

释义类型	说明	词语	定义	描绘[③]	综合	合计
数量	1489	511	342	234	310	2886
比例	51.59%	17.71%	11.85%	8.11%	10.74%	100%

可以看到，运用说明式释义法的比喻词最多，占据1/2以上。说明式与词语式、描绘式三种方法共占77.41%。如：

[①] 黄建华. 词典论[M]. 上海：上海辞书出版社，2001.
[②] 本文排除含"比喻"的释义，因为一见到"比喻"，读者自然联想到探求它的理据，人们的理解就有了一个突破口。比较难的是那些释义中不含"比喻"的释义。这一类词语由于释义中没有"比喻"，往往具有隐蔽性，在教学中相对容易忽略，不容易找到释义规律。

【将军肚】指男子因发胖而形成的向前腆起的腹部。（说明式）

【槽牙】臼齿的通称。（词语式）

【牛饮】形容大口地喝。（描绘式）

释词方式及数据表明，国俗词语的释义大多仰赖的是相对简单、直接、形象的说明法、词语法、描绘法，这些释义方法对本民族语的学习者有效，而对于外国留学生则是无效的。

定义式的解释相对全面、清楚，但真正采用定义法来说明词义的只占11.85%。如：

【窗花】(～儿)剪纸的一种，多做窗户上的装饰。（定义式）

另外，比喻词释义中的例证较少。我们统计了一下《现代汉语词典》中5804条比喻词采用例证的情况。其中，采用例证的仅有1612条，在1612条里，运用两个以上（含两个）例证的仅有475条。在这样的情况下，学生对于比喻词的理解与学习不免要打折扣。例如：

【动脉】①把心脏中压出来的血液输送到全身各部分的血管。②比喻重要的交通干线。

【掉价】②比喻身份、排场降低。

【火急】非常紧急。

受到篇幅的限制，语文词典不能为所有的词引用例证。此外，比喻词作为国俗词语的一类，对本族学习者来说习以为常，例证有时并不是必须的。但是，本族人容易理解的，恰恰对外族学习者来说有时是比较难理解的。例证的价值就在于提供了一种最为常见的语境，它为学习者的理解和应用提供了最佳范例。从上文数据来看，比喻词释义中例证是不太多的。

以上比喻词释义情况表明：需要专门编纂适合外国留学生实际情况的学习词典。目前看来，专为留学生编纂的词典较少。正如赵金铭所言：对外汉语教学发展半个多世纪以来，面向外国学生的汉语学习词典的编纂工作一直是一个非常薄弱的环节。主要体现在：（1）面向不同母语背景的学习者的汉外词典不多。（2）面向不同等级水平的汉语词典几乎还没有开发。（3）汉语各类不同词语的分类词典尚未构成系统。（4）用汉语最低限度的词汇来解释汉语词语的词典还没有得到应有的重视。（5）体现汉语词汇特有文化价值的"汉语国俗词语词典"还没有完成，等等。[①]词典编纂现状直接影响了对外汉语词汇教学。

综上所述，为本族人编纂的语文词典，其释义对于对外汉语教学来说是不够的。这就促使教师在教学实践中不断总结经验，归纳出具体的释义方法。

二、实践经验法

关于国俗词语教学时的解释方法，高燕总结得比较全面，主要包括：

（1）直观法：利用实物或图片让学生有感性的认识。

（2）理据法：对于专名词语、熟语、典故词语和征喻词语，教师应先说明字面的意义、内部结构及本义，再指出引申义和比喻义等，遵循从具体到抽象的原则，显示抽象义的理据，便于学习者理解和掌握。

（3）对比法：汉外对比，汉语不同种类的词语之间的对比都有助于加深学生的认识和理解。

（4）核心词归类法：对由核心词构成的系列国俗词语进行归纳，便于学生理解蕴含其中的文化含义，体会其中的感情色彩。如：走狗、疯狗、恶狗、野狗、狗屁、哈巴狗、看门狗……

（5）语境法：语境的主要作用是显示词语的语义、体现用法和语用条件。对于国俗词语而言，语境的作用显得尤为重要。

其他从事一线工作的教师也总结出相应的对策，大致相差无几，如朱芳华[②]。这些从实践中总结出来的经验确实很有作用，它们使教师在讲解不同的词语时不至于茫然无措。但是，国俗词语的释义方法还有待完善。这主要是因为：

（1）上述解释方法不能从根本上区分开国俗词语与非国俗词语教学。直观法、理据法、对比法、核心词归类法、语境法同样适用于非国俗词语

[①] 赵金铭. 对外汉语教学概论 [M]. 北京：商务印书馆，2005：381.
[②] 朱芳华. 对外汉语教学难点问题研究与对策 [M]. 厦门：厦门大学出版社，2006：215.

教学。也就是说，所有的词汇在教学时都离不开这些方法，有时甚至几种方法混合使用。

（2）上述解释方法在应用过程中具有主观性。面对国俗词语时，教师往往凭直觉和经验来选择不同的教学方法。根据上文，国俗词语包含五种类型，对不同类型的国俗词语要采取什么样的释义角度和方法，要达到怎样的释义深度，这方面缺少科学的考量，其结果是减少了释义的科学性，容易在教学中陷入被动。

第二节　以比喻词为例的国俗词语释义方法的实践与思考

语义不等于概念，因此，不同语言词语之间不总是存在简单对应的关系，这也是民族语言特色的体现。国俗词语是一类更为明显地表现出民族特色的词汇类别。在国俗词汇教学中，词语本身的附加色彩和文化内涵需要随时指出，以免在语用中出现错误。但是，如果对国俗词语涉及的文化信息都加以解释的话，势必影响语言教学的任务和效果。因此，如何对词语进行解释，哪些需要重点解释，哪些只需轻轻带过，这就需要我们对国俗词语本身进行不断地研究和实践。下面，笔者即以比喻词为例探讨具体的释义方法。

一、比喻词的释义方法实践

前面列举了语文词典释义的方法。那么，哪一类词适合哪种方法呢？我们认为，释义方法的确定与词义透明度有重要的关系。

1. 比喻词词义透明度

徐彩华、李镗[1]研究发现，透明词对于词汇学习有显著的易化作用，透明生词和不透明熟悉词的成绩能够预测儿童的阅读理解水平。

---

[1] 徐彩华，李镗. 语义透明度影响小学儿童复合词学习的实验研究［J］. 语言文字应用，2001（1）.

词义透明度对于比喻词的解释有重要的意义。以往人们习惯将比喻词看作一个整体，以此为视点的比喻词其意义透明度是相差无几的。事实上，"鞍鼻、钉螺、斑马线、蝴蝶兰"和"火海、电脑、安全岛"以及"冰轮、拐脖儿（弯成直角的铁皮烟筒）、顶梁柱"等比喻词在语感上并不完全相同。

为了更清楚地看到比喻词的内部差别，笔者按照喻体的位置将其分成三类：前喻词（钉螺、斑马线）、后喻词（木鱼、电脑）、全喻词（炮灰、泰斗）。比较：

词目	类型	喻体	上位概念
钉螺	前喻词	钉	螺
电脑	后喻词	脑	不是"脑"
冰轮	全喻词	冰、轮	不是"冰"，不是"轮"

可以看到，"钉螺"是"螺"的下位概念，当人们看到后置语素"螺"时，已对该词词义有了大致的认识范围。喻体"钉"不过增加了形象性，去掉喻体"钉"，所指对象"螺"依然存在，喻体起修饰形容的作用，本身没有实质影响。

"电脑"中的"脑"不是上位概念。"脑"处在词内核心位置，同时"脑"也是喻体，在这种情况下，核心词义的获得需要喻体的帮助。换句话说，喻体中的全部内涵整体迁移到所指对象。人们正是在喻体间接的提示中感受到词的真正含义。因此，后喻词"电脑"的词义透明度要低于前喻词"钉螺"。要说明的是，前置语素"电"非喻体，它起到修饰限制的作用。有了"电"就限制了想象的范围，为理解整个词义提供了支点。

"冰轮"的抽象程度更高一点，它不仅没有指出上位概念，甚至连后喻词具有的限制性成分也一并去掉，人们只能从喻体"冰轮"的内涵里间接感悟到词的真正含义。

可见，比喻词的三种类型中，前喻词内部出现了上位概念，词义透明度最高，表义最为清晰。后喻词内部没有出现具体上位概念，词义透明度较低，表义相对模糊，但由于词内出现了提示性成分，因此具有一定的可懂度。全喻词内部既没有出现上位概念，也没有出现其他的提示性成分，词义透明度最低，表义最为模糊。

2. 比喻词释义策略

比喻词词义透明度不同：前喻词、后喻词、全喻词的词义透明度逐渐降低。相应的，理解难度越来越高。这种差别为我们选择解释方法标明了方向。比如以前人总结出的国俗词语教学方法为例，可以根据意义的差别以选择不同的解释方法，如下表：

词语类型	比喻词		
	前喻词	后喻词	全喻词
释义方法	直观法	核心词归类法	理据法
	对比法 语境法		

前喻词可以直观法为主。因为喻体主要起使词义形象生动的修饰作用，比如鞍鼻、茶镜、笔直、砖茶、犬齿、虎牙、兔唇、蛾眉、柳腰、云鬓、腰果、狼狗、猫熊、蛙泳、箭竹、剑麻、蚕豆、凤梨、胆瓶、椽笔、须根、扇贝、鹅蛋脸、蛤蟆镜、橄榄球、柿子椒等，教学中用实物或图片来展示，能够容易地在本体喻体之间建立联系，看到两类事物的相似点，从而理解词义。

后喻词可以核心词归类法为主。这是因为后喻词有更强的语素生成能力。根据杨润陆先生的统计[①]，在《现代汉语词典》中，为前喻式复合词的喻指语素设立的义项大约有64个，为后喻式复合词的喻指语素设立的义项大约有137个，后喻词形成的语素是前喻词的2倍多。比如："霜"的喻指语素义是"像霜的东西"，由它构成的词有砒霜、糖霜、盐霜、柿霜等；"轮"的喻指语素义是"形状像轮子的东西"，由它构成的词有日轮、月轮、耳轮等。其他如花、嘴、带、球、腰、井、流等喻指语素还有很多。这些喻指语素的比喻用法屡见不鲜、具有系列性，只需讲解清楚已经定型的语素义，这类后喻词便很容易理解。

全喻词可以理据法为主。这是因为全喻词的词义透明度最低，字面义与深层义有一定的差距，因此，寻找词语的理据，对理解该词词义有重

[①] 杨润陆. 由比喻造词形成的语素义［J］. 中国语文，2004，6.

要的作用。比如儿戏、乔迁、唇齿、泰斗、炮灰、狗咬狗、母老虎、炒鱿鱼、杞人忧天、打草惊蛇、对牛弹琴等全喻词，可以适当解释它们的来源、典故或者诗句，使留学生理解该词的同时，也慢慢地熟悉我国的传统文化。

在以上面三种方法为主的同时，可辅以对比法和语境法。

比喻词的喻体选择体现了我国的文化与观念。将喻体与学习者的本国文化作对比，从而加深学习者的理解，是词汇教学中的重要方法之一。要注意的是，在历史上受中国文化影响很深的越南、新加坡、日本、韩国等国家属于"汉文化圈"，其本民族深层的精神内涵与中国有很大的相似性，理解起来国俗词语相对容易。而欧洲、美洲、非洲、大洋洲国家文化与中国文化差异很大。教师在词汇教学过程中应有意识地对比文化背景知识的差异，除讲清其概念意思外，还要讲清它所包含的文化背景知识，防止其他国家留学生理解和运用上的"负迁移"。

语境法主要指教学过程中进行解释时出现的例句。比喻词在附加色彩、语义搭配上往往具有独特之处，我们在设计例句时，要特别注意背景信息的普遍性，尽量提供与学习者认知语境相关联的信息，最大限度地降低他们在理解时的困难。

以上方法并不是互补的，在词汇教学过程中，同时采用两种或两种以上的方法进行释义，有时会获得更好的效果。但是，如能根据不同类型的比喻词选用相应的方法作为主要释义方式，会使我们更准确地抓住释义角度，掌握释义的深度，使释义过程变得更为简捷有效。

二、一点思考

国俗词语涉及面广，种类多，而且，由于民族传统文化的差异，所生活的地理环境不同，以及宗教信仰、社会制度等方面的不同使得这类词语很难在另一种语言里找到完全对等的词语。在对外汉语词汇教学中，国俗词语肩负的任务不仅仅是让留学生理解词义，它还有一个隐形的任务，即传播中国的文化，让世界了解中国。因此，在对外汉语教学中，选择哪些国俗词语，怎样进行具体的解释、说明其文化内涵，是一件具有重要意义的工作。

然而，负载大量文化信息的国俗词语，其文化内涵对于母语习得者来说是习焉不察的。反映在语言研究中，则是对于国俗词语本体研究不够关注，而对揭示国俗词语中蕴含的中国文化以及比较汉外词语折射的文化差异倾注了较大的热情。这种做法的结果是，教学中遇到用法、结构、意义较为特殊的国俗词语时，易将其归入"习惯用语"以搪塞学生提出的问题。所以，在对外汉语教学过程中，除进一步揭示国俗词语所蕴含的文化以外，加强国俗词语的本体研究仍任重道远。国俗词语的语义、类型、结构、应用（包括适用环境或准入场合、使用者心态和听话人可能的反应、褒贬色彩、倾向性搭配、常用搭配等）诸方面都具有自己的特色，多角度研究国俗词语为教学释义提供了依据。而正确地解释国俗词语对于传播中国文化将起到重要的作用。

第九章　比喻词语与文化

语言是文化的载体。英国语言学家帕默尔写道："语言忠实反映了一个民族的全部历史文化，忠实反映了它的各种游戏和娱乐，各种信仰和偏见……语言不仅仅是思想和感情的反映，它实在还对思想和感情产生种种影响。"[1]词汇作为语言中最活跃的部分，对文化的反映也最为有效、积极。尽管如此，多种多样的词语对于民族文化的折射并不是均等的，有的词语仅仅是文化的记录，有的则渗透了丰富的民族历史文化内涵，如颜色词、称谓词、方位词、动物词、植物词、比喻词、地名、人名等。在这些词语类别中，一部分获得了较多的关注，研究得比较深入。相形之下，比喻词语与文化的研究则稍显薄弱。很多关于这方面的研究都是附着在其他研究之上的。事实上，比喻词语积淀了深厚的民族文化，它是民族个性的一个体现。有的时候，与普通词语相比，比喻词语甚至更能体现民族的特色文化。比如，同样是形容胆小怯懦，英语中喜欢用chicken，就是"鸡"来做喻体，而汉语则常用"老鼠""兔子"来做喻体；同样是百兽之王，但是作为代表的动物却并不一样，在中国人心目中是老虎，并由此创造了一系列的词语，如虎将、虎虎生威、虎视眈眈、如虎添翼等；在西方人心目中是狮子，如英语中有regal as a lion（壮丽如狮）、majestic as lion（庄严如狮）。英国人还以狮子作为自己国家的象征，如The British Lion就是指英国，A Literary lion意思是文学界的名人，动词lionize的意思是把某人捧为名人。[2]

对于比喻词语体现的文化，前人研究方式常常与普通词语接近。近

---

[1] 帕默尔．语言学概论[M]．北京：商务印书馆1983：139．
[2] 胡文仲．英美文化词典[M]．北京：外语教学研究出版社，1997：203-212．

年来，由于认知理论的引进，人们的研究角度发生变化，多从汉外对比切入。本章主要从历史和方言两个角度切入，试图挖掘比喻词语所体现的民族文化精神。

第一节　比喻词语文化研究价值

一、比喻词语文化的底层逻辑

比喻词语是相似思维创造下的结果。比喻词语在源域和靶域之间建立起了联系，这可以用下图表示：

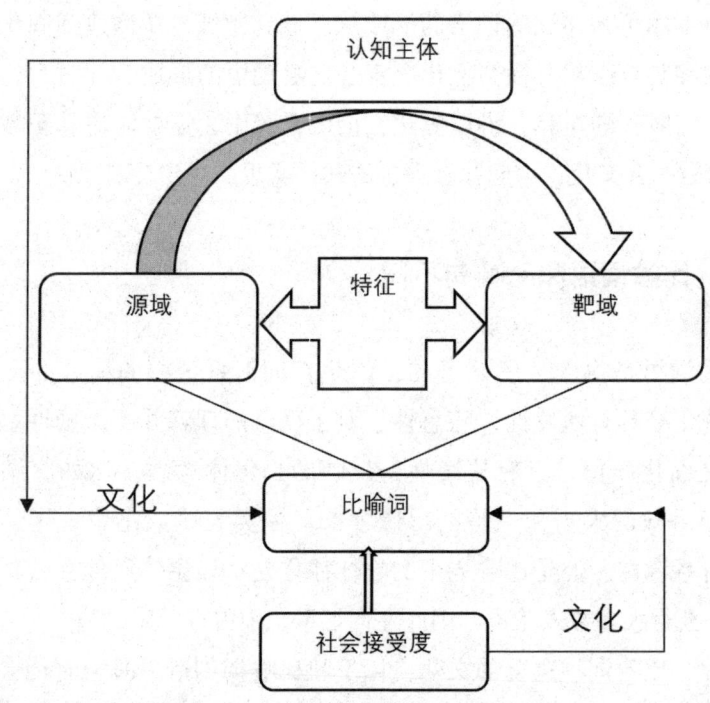

靶域，有的也叫目标域，指认知主体希望表达，表达的对象可能是抽象的概念，可能是具体实物，由于认知主体在心理词库中没有搜索到合适词语，在沟通的需求驱动下，在经济的原则下，借助已有的认知经验，寻求自身体验中涉及的所有事物的特征，投射到靶域中，构建比喻词语。为

了确保比喻词语的有效性，以下几个条件必不可少：

（1）表达的对象在既有词汇系统中没有现成词语；

（2）符合经济原则，即可以借助句子表达，但是表述内容多，不够经济；词语形式短，表述更为经济；

（3）源域与认知主体生活经验、文化背景密切相关；

（4）源域和靶域建立的联系是否具有适切性；

（5）比喻词语得以固化在词汇系统中，需要有较高社会接受度。

要说明的是，所谓"相似点"，即源域与靶域相似之处，不是原生的（除了外形相似以外），而是创造性发现的结果。在此相似点发现之前，人们并没有意识到源域与靶域之间的相似之处。因此，相似或者源域与靶域共同特征，是认知主体创造的结果，具有偶发性、非系统性。

通过上图可知，比喻词语的形成从源域到靶域，从构建到固化，离不开文化的参与与影响。社会文化决定了比喻词语的形成，同时，比喻词语能否经得起时间的考验，得以固化在词汇系统中，需要源域和靶域建立的相似点符合社会文化，引起社会人群的共性联想，得到普遍承认。

二、比喻词语和比喻句不同

比喻词语是得到全民认可的，固化在词汇系统中的精炼的形式。句子结构的比喻具有偶发性，随意性，对于受众的理解并不做硬性要求。比喻词语是固化产物，具有持续性，反映的是集体意志。比如"湖面像镜子""鹅毛般的大雪""脸红得像苹果"一类表述，比喻喻体具有偶发性，没有系统性。但是比喻词中的喻体往往是认知主体所处社会集体接受的产物，获得大多数人认可，因此在词汇系统中占有一席之地。

因此，比喻词中蕴含的文化可以反映比喻词创造之时当时社会的认知范畴，从这个角度来说，比喻词语具有独特的文化研究价值。

三、比喻词语体现了以具象表达抽象的思维方法

从语言的发生特别是发展来看，人类的认知活动造成语词的繁衍是一种普通语言学的常识。人们总是能够在具体事物和抽象概念之间找到相似点，习惯于借用具体的词语表述抽象概念，或借用熟知的概念表达难以定义的概念，形成一种不同概念之间相互关联的认知方式。

赫斯特把"形象"定义为"记忆住的感觉印象（sense impression remembered）"，形象是理解隐喻意义的基本组成部分。[①]因此，很多人把比喻词语也叫作"形象词语"（程荣，1995；常敬宇，1995）。形象词语的概念和比喻词语不同，除了"、龙眼、银耳、佛手、猴头、龙头、驼背、鸡眼""心腹、蚕食、鲸吞、纽带、枢纽、眼中钉、敲边鼓、炒冷饭等，还包括白花花、红彤彤、绿油油、黑漆漆、香喷喷、麻酥酥、冷飕飕、静悄悄、乱哄哄等。

形象的事物是非常丰富的。能够作为喻体、让人感知到的形象，认知上称为"原型"。原型是物体范畴最好、最典型的成员，而其他成员具有不同程度的典型性。比如，猴子具有聪明、灵活的特点，所以人们创造出了"猴儿精"这样的词，《红楼梦》中的贾宝玉"猴在贾母身上"，这也是猴子特点的体现。另外，猴子的腿细长，因此而造出了模拟植物的"猴腿儿"一词。这些特征都是猴子身上的典型性特征，因此最容易引起联想，被用作喻体。

四、比喻词语文化含量高

讨论比喻词语和文化，还可以从审视词语的意义着眼。语义的基础是概念。概念是人脑对客观事物或现象的反映，因此具有心理的特征。由于现实世界中的事物和现象具有统一性，人脑对其反映也就具有相对的同一性，因而概念又同时具有全人类的性质。但语言符号却是民族性的，何种

[①] 引自：束定芳. 隐喻学研究[M]. 上海：上海外语教育出版社，2000：182.

概念与何种语音结合并由此产生何种意义，是一个民族长期的习惯和约定俗成的产物。语言符号和意义的关系，是语言学和哲学长期思考并最具争议的问题之一。英国语言学家Leech在《语义学》一书中，对语义的类型以及语义学与逻辑学、句法学、词典学、语用学等的关系进行了深入浅出的论述。他认为词义就其构成而言，可以分为"七种不同的意义"。它们分别是理性意义、内涵意义、社会意义、情感意义、反映意义、搭配意义和主题意义。（Leech, 1981）这七种不同的意义实际上可以分成两大类：一是理性意义，即词语的概念意义或逻辑意义，另一类即非理性意义，或称为由各种联想而产生的非概念意义。理性意义是客观事物或现象及其相互关系在人脑中的概括反映，是人们对客观对象的理性认识，因此并不涉及人的主观情感和态度，而非理性意义实际上是附在理性意义上的带有感情色彩、形象色彩、语体色彩的意义。前者为操不同语言的人所熟知，互相之间容易理解；后者则带有鲜明的民族文化情感。比喻词语具有的形象色彩属于非理性意义，它们相较普通词语更能反映民族文化。

还有人将词义及词语文化分成三种层次[①]：

处于表层的概念意义，即理性意义或指称意义或逻辑意义或词典意义或字面意义等。概念意义体现的是词语的本质特征，其民族文化语义主要依附在词语的理据即事物命名的根据和缘由上。

处于中层的语法意义，即范畴意义、形式意义、修辞意义、搭配意义、限定意义和文体意义等。该类意义的具体化即词语的语法知识。语法意义的民族文化语义主要体现在词构文化、词序文化以及搭配文化和语体文化诸方面。

处于深层的是内涵意义。它是词语附带的具有不稳定性质的非理性意义，包括背景意义、伴随意义、联想意义、情感意义等若干方面。这是体现词语文化最集中的层级。如图：

---

① 赵爱国，姜雅明. 应用语言文化学概论[M]. 上海：上海外语教育出版社，2003：129.

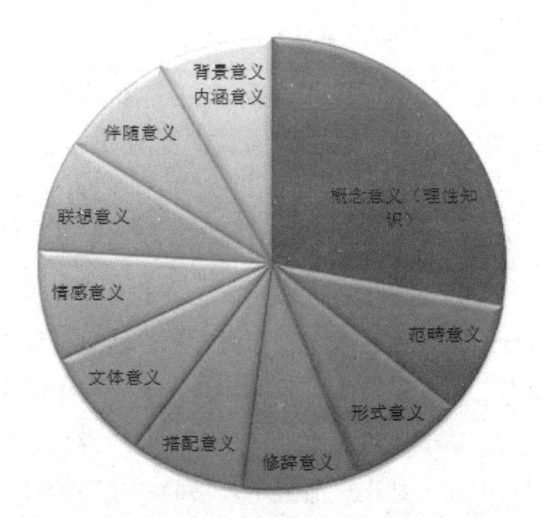

不同的颜色既表现词义的不同层次，也表示词语文化所处的不同层级。颜色越深，词语文化含量就越高，词语内涵意义中所包含的民族文化义素是构成民族文化差异的核心所在。

比喻词语包含的附加色彩是相当可观的。具有不同文化背景的人，如果不了解比喻词语的形象、感情、语体色彩，以及由联想产生的其他文化伴随意义等，就不能真正领会比喻词语的含义，也就不能正确地加以运用。所以，比喻词语在对外汉语教学中最容易引起麻烦，也因此它对外语教学才最具有应用价值和教学意义。

第二节 比喻词语与文化关系

一、比喻思维影响词语

（一）比喻影响词语的产生

比喻词语中，比喻是一种思维方式，它显现出来的是社会理性活动的思维样式、思维结构，在反映已知、捕捉未知的命名活动中，比喻思维作为一种思维方式常常是不自觉的，然而又是非常重要的。

比如，古汉语中人的顶部叫"颠"，因而"山顶谓之巅，木顶谓之槙"。"颠""巅""槙"语音相同，词源意义都是指物体顶部；人的目上毛叫作"眉"，后产生"屋梠谓之楣，水瀵谓之湄"。"眉""楣""湄"语音相同，词源意义都是濒临某一空明处所；人的口的边缘叫"唇"，后来"水涯谓之漘，屋宇谓之宸"。"唇""漘""宸"语音极近（神禅旁纽，文部叠韵），词源意义是空明处所有边缘[①]。这些词语的产生实际是比喻思维作用下的结果：先民从自身体验出发，将自身经验迁移到新事物新概念上，通过这种方式命名，来组织和完善文化世界，体现了比喻思维在词语产生过程中起了重要作用。现代汉语中，同样能够体现比喻思维的作用，比如"回炉"也称"回锅"，指没办好事情重新去办，把半成品或不合格的产品送回工厂再加工；"火候"，比喻修养程度的深浅，也可比喻紧要的时机；"包袱"，比喻某种负担，也指相声、快书等曲艺中的笑料。

更为重要的是，比喻词语一经产生，即触动了人们的联想机制，畅通了思维的渠道，提供给人们新的角度和思考立足点，从而利用这一方式生成系列词语。一般所说的类比造词，相当一部分源自比喻思维造词。比如"仑"，段玉裁《说文解字注》中认为："伦""论"皆以"仑"会意。"仑"本来有次弟、条理的意思。刘师培《小学发微补》中提出："仑字本系静词，隐含分析、条理之义。上古之时，只有字。就言语而言，则加言而作论，就人事而言，则加人而作伦，……是论伦等字，皆系名词，实由仑字之义引申也。"可见，"论""伦"是"仑"引申分化的结果，"伦""仑"同音同源。因"仑"有分析、次序、条理的意义，因而来源于它并以它为元素构成的新词"伦"，不仅有类、辈、次序、条理、顺从、秩序等意义，在人与人的关系这一意义中也含有次序、顺从的意义。从"仑"到"伦"，词语的创造基于比喻思维，而类比造出更多的词则是触动了该类思维的结果。每一个词的产生，不仅仅是思维引发的结果，更有趣的是同类比喻词语的大量产生体现了社会文化以及民族精神。

[①] 周光庆. 古汉语词源结构中的文化心理[J]. 华中师范大学学报，1989，4.

（二）比喻影响词语的结构

郭继红[①]曾论述过比喻对词语结构的渗透，这一现象颇值得重视。比如：

A组	B组
蚕食——名素+动素——偏正	山崩——名素+动素——主谓
瓜分——名素+动素——偏正	海啸——名素+动素——主谓
雪白——名素+形素——偏正	心静——名素+形素——主谓
火热——名素+形素——偏正	手巧——名素+形素——主谓

A组与B组语素性质相同、位置相同，但内部结构不同，A组为偏正式，B组为主谓式。两组结构的差异一是因为词的内部结构关系由语素含义及其构词作用，二是比喻在汉语词语中渗透的结果。

再如：

高皇帝瓜分天下，以王功臣。（《汉书·贾谊传》）

文帝曰："嗟呼，此真将军矣！曩者霸上、棘门军，若儿戏耳，其将固可袭而虏也。"（《史记·绛侯周勃世家》）

反者如猬毛而起。（《汉书·贾谊传》）

如冰之清，如玉之洁，法而不威，和而不亵。（曹植《光禄大夫荀侯谏》）

"瓜分""儿戏""猬……起""冰清玉洁"等词，来源于句子，反映了词汇化的过程，这一类词语之所以能够在后世中形成紧密的结构，和比喻有着重要关系。

另据笔者研究，后喻式比喻词语的形式，也是文化渗透的结果。

二、文化对比喻词语的影响

文化对比喻词语的影响主要体现在喻体上面，喻体是反映民族文化的窗口。

---

① 郭继红. 论比喻在汉语词语结构中的渗透[J]. 语文学刊, 1997, 04.

比喻词语中的喻体可以反映创词之初的社会文化。比如，古代人们与自然接近，对自然界中的草木虫鱼比今天的人们有更多的接触，也有更为深刻的认识。古人常常以草做喻：

【飞蓬】①一种多年生的草本植物，花似柳絮，聚而飞，故名。②比喻散乱。

【草菅】①草茅，喻轻贱。②草野，民间。

【菅蒯】可以编绳的一类茅草。比喻微贱人物。

【稂莠】①稂和莠都是杂草。②坏人。

【萧艾】野蒿臭草。比喻不肖或品德不好的人。

【披靡】①草木随风偃伏。②比喻败军溃逃。

【草芥】比喻轻微、无价值的东西。

【苗而不秀】长了苗却没有开花结果。指未成人而夭折。

以上以草做喻的比喻词语都是贬义词，这大抵反映古人对草的态度和认识。当然，也有少量褒义词语，多取草生长茂盛之处做喻，如：

【擢秀】草木发荣滋长，也比喻人才出众。

【葳蕤】①草木茂盛、枝叶下垂的样子。又比喻祖德之盛。③比喻辞藻华丽。

这些取自草茂盛之态。

花和草不同。这一点可以从创造出词语的感情色彩上看到。比如：

【穠华】①盛开的花朵。②喻公主。

【春荣】春花，比喻少年。

【花萼】②以花与萼相依，比喻兄弟相亲。

【槿花】②比喻人心易变。槿花朝开夕落，用以形容人心多变。

【天葩】非凡的花。常用以比喻诗文秀逸非常。

【苔花】成花形的苔。

【莲步】美女的脚步。

【繁华】①花盛开，比喻年龄与容貌之盛时。

【昙花一现】比喻事物一出现即消失。

【芙蓉出水】比喻清秀。

早期的人们逐步学会识别和利用植物的花，以花的形态作为识别植物的重要标志，甚至以花作为民族或部落的图腾。那时人们注重的是花卉的实用价值而不是欣赏价值。如梅，在三千多年前的古籍上记载："若作和羹，尔唯盐梅。"可见梅最初的功用是代替盐来调味，而非用于欣赏。说到这里，可以看到花成为重要喻体，是因为花有实际功用，对人有益；花的数量不像草那样多，生长不易，开花不易，培植不易，因此十分衿贵；花的美丽是有目共睹的。人们从认识野生花卉、栽培应用花卉、欣赏花卉，进而推崇花卉，把花卉视为美好事物的化身，用于抒发内心的情感，表达崇高的理想和美好的祝愿，于是花卉成了一种传情达意的理想比喻物。

喻体所反映的文化，后面还有详细论述，这里不再赘言。

第十章　比喻词语与历史文化

用于本章的研究资料主要有两个：一是《古代汉语词典》中的比喻词语，一是笔者搜集的近代汉语中的语料。《古代汉语词典》收词范围主要是古代以正统书面语言写作的有代表性的古籍，其中又以先秦两汉的古籍为主。唐宋以后古白话作品中的词语、佛经中的特殊用语、诗词曲中特有意义的词语一般不收。这说明，《古代汉语词典》以上古和中古语词为主，不收近代汉语词。前者主要用来透视古代文化思维，后者用来作为个案研究的参照和补充。

第一节　古汉语比喻词语反映了早期汉族社会的历史文化

一、关于自然环境的比喻词语

自然环境对人的制约是很明显的。对于古人尤其如此。人们居住在一个地方就必须适应当地的自然条件来开展生产活动、设计生活方式。

《古代汉语词典》中出现的揭示自然现象的比喻词语如下表所示：

类别	数量	比例%	例词	类别	数量	比例%	例词
水	80	30.89	徂川	天	6	2.31	九天
云	31	11.97	庆云	时间	5	1.93	晨昏
星	25	9.65	参辰	四季	5	1.93	青春
山	16	6.56	姑射	光	4	1.54	显晦
尘土	15	5.79	尘滓	霜	4	1.54	霜威

第十章 比喻词语与历史文化

类别	数量	比例%	例词	类别	数量	比例%	例词
太阳	14	5.02	慧日	雪	4	1.54	回雪
地形	11	4.25	壑谷	雾	4	1.54	雾列
月亮	9	3.47	月貌	虹	3	1.16	虹桥
风	8	3.09	惠风	天地	2	0.77	天壤
雷	7	2.7	雷同	露	1	0.39	朝露
冰	6	2.31	冰纨	石	1	0.39	磐石

可以看到，喻体涉及了自然现象的多个方面，如日月、四时、山石、风云、雨雪等。

其中，水的地位是超然的，名列第一。位居第二、第三的是"云"与"星"。不同比喻词语的数量比例，可以看出各类现象在社会生活中的普及程度和人们的关注程度。

首先是水。水的应用频率说明它对古人生活影响是非常大的。

水文化。哲学家泰勒斯留下了一句话："万物源于水。"水是人类赖以生存和发展的重要资源之一。没有水就没有生命，就没有经济的发展和社会的稳定。纵观历史，文明都是依靠河流发展起来的。江河周围是大片泥沙聚集的肥沃土壤，适合耕种，与水比邻而居也方便饮用和灌溉。即便游牧民族也逐水草而居。农耕社会更是不能离开水。

《古代汉语词典》中涉及水的比喻词语共80条。

黄河和长江是人类文明的发祥地之一，它们冲击而成的平原为农耕社会的人们提供了肥沃的土壤。人们在河旁劳作，依靠河流的滋养而生存发展，逐渐形成了以农耕为主要生产方式的大河文明。借江河之水比喻事情顺其自然。

如：河清（①比喻清平世界。②比喻千载难逢的机会。）、河润（比喻施恩于人）、河目（眼睛的上下眶平正而长）、河汉（②比喻言论迂阔，不着边际。③比喻博大精深的事物）、餘波（②比喻前人的流风遗泽）、苦河（比喻凡世）、源远流长（比喻历史悠久）等。

古人对水的深刻印象还体现在对水势、水文的仔细观察上：

如洸洋（水势浩大的样子，用以比喻言论恣肆）、横流（①水泛滥，

179

到处乱流。④比喻局势动荡）、乱流（④邪恶淫乱之辈）、涓浍（①细小的水流。③比喻卑微的地位）、颓波（①水波向下奔流。②比喻衰败）、下流（①河流的下游。②喻众恶所归的地位。③地位低微。④魏晋时人称子孙后代）、清流（②喻负有时望、清高的士大夫）、沸腾（①水波翻涌。②比喻议论纷纷）、横流（①水泛滥，到处乱流。④比喻局势动荡）、泓涵（水深广。喻学问渊博）、汪汪（水深广。喻人的气度大）、滔滔（①水广大的样子。②喻遍地皆是）等。

  人们一直将我国文化定义为内陆农业文化模式。事实上，中国是一个滨海的国家，有18000多公里的海岸线和14000多公里的岛岸线，海洋很早就对中国产生了影响。早在18000多年前的旧石器时代，我国沿海的劳动人民就开始与海洋打交道，过着拾贝抓鱼的渔猎生活。春秋战国时代，海洋开发已上升为国家意识，韩非子有"历心于山海而国家富"的名言。中科院宋正海研究员在《东方蓝色文化》（1995）一书中指出："世界海洋文化并非只西方的一个模式，中国古代还有另外一种重要模式。并且可这样说，如果把西方的海洋文化称作海洋商业文化，那么中国古代海洋文化应为海洋农业文化，两者均是世界海洋文化的基本模式。"[①]海洋对我国的影响并不小于对西方文明的影响。《尚书》中，就有了"四海"这样的词，来表示地域的极限之处。海同江河一样在人们头脑中早已印象深刻，这从以它为喻体造出的比喻词语中即可略见一斑。

  如蠡测（用葫芦瓢测量海水，比喻见识浅薄，不知高深）、海沤（海水的泡沫。比喻事物起灭无常）、海涵（比喻人宽容大量，能容物，如海之纳百川）、海口（①口大而深。古以为圣人的奇表异相。②夸口，说大话）、海纳（比喻包罗甚广）、慧海（佛教用语。言佛的智慧深广如海）、欲海（佛教用语。比喻情欲深广如海，使人沉沦）、烟海（②烟雾笼罩海面。比喻众多）、沧海横流（海水四处泛流。比喻时世动乱）等。喻体使用频率，表示古人对喻体代表事物的了解程度和关注程度。许多用"海"做喻体的词语，说明古代人们对于大海并不陌生——如果不熟悉大

[①] 宋正海. 东方蓝色文化:中国海洋文化传统[M]. 广州：广东教育出版社，1995.

海，则很难在头脑中形成意象并创造比喻词语。

其次是云，如庆云（喻显位或长辈）、孤云（喻孤苦无依的人）、霞举（①喻山峰高耸。②喻仪态轩昂。③喻高远昭著）、云海、云合、云髻、云鬟、云屯（形容盛多）、云书、云泥、云母、云柯（喻人品高尚）、云辀、云屏（喻层层叠叠的山峰）、拏云（喻志向高远）、云雨、云霓（喻谗邪之人）、云鹏（喻雄心壮志，前程远大）等。云的诡谲多变对古人影响很深。从比喻词语来看，古人对于云的印象是美好的，是高贵的。大多形容美好的事物。

第三是星。星的使用频率，说明古代天文学的造诣。古代人们对天空中的星星的位置、关系、变化观察十分细致。比如宸极（①北极星。②比喻帝位）、参辰（参星和辰星。二星分在东西方，出没不同时。比喻双方远离）、胡星（指昴星。比喻边地战争中敌兵势焰）、潢星（比喻皇族）、持衡拥璇（比喻掌握国家权柄。衡、璇，北斗七星中二星名）、物换星移（喻世事的变化）、机衡（①北斗的第三或第五颗星，或指北斗星。②比喻政权的枢要机关或军政机务）、枢极（天枢星和北极星。比喻中枢权力）、天狱（①星名。②喻地形险恶）、南箕（星名，即箕宿。常用它比喻谗佞之人）、拱辰（众星环围北极星。比喻四方归附）等。

夜空闪烁的星星，有些神秘莫测。古人自然而然对其产生敬畏之心。这从比喻词语中可以看到，用星做喻的很多都指权力、帝位、皇族、枢要等事物。为什么会出现这种比喻？这是因为掌握天象运动的人，在古代被认为是能够和天沟通的人，他可以把天象运动的规律告诉给人民，这对于农业经济来说，是具有政治意义的，这就是王权的基础。孔子《六经·尧典》开篇就叙述帝尧命令羲和"钦若昊天，历象日月星辰，敬授民时"。《论语》上也说：帝尧当时禅位给舜的时候他就说了一句"天之历数在尔躬，允执其中"，意思就是说天时和历法必须由你亲自来掌握，你要好好地把握住你手中的这个圭表。①

可见，古人用星做喻不是偶然的，它关乎农时，掌握在统治阶级手

---

① 冯时. 中国天文考古学[M]. 北京：社会科学文献出版社，2001.

中，而且神秘莫测，所以在人们心目中占有极其重要的地位。

火文化。直接以火为载体或间接涉及火的词语共26条。火最初是属于自然的，火给人类带来了光明，驱散了蒙昧、黑暗。有了火，人类开始熟食，食物的种类和范围扩大了，营养丰富了，人类的体质得到了加强，大脑进一步发达。火可以御寒，帮助人类在恶劣的气候环境中生存下来。火可以照亮洞穴，使人类由野居变成洞居，改善了居住条件。火还可以保护自己，驱逐凶猛的野兽，甚至在围捕野兽时，也可以起到很大的作用。火改变了原始人的食性和生理机制（例如熟食兽肉，可以更充分有效地吸收摄取里面的养分以利大脑和身体的发育），还推动人从自然生存进入到社会生活与生产方式时代。所以，人们发现火的种种好处后，开始制造出火并努力保留火种。在我们所收集到的关于火的比喻词语中，可以看到古人对于火的产生（尤其是人造火）过程与如何保管火种的记录。

【槐榆】古人钻木取火，四季所用木材不同，春用榆，冬用槐，以此比喻时序。

【火传】火种流传。比喻养生者随变化与物俱迁，形体虽有生灭，而精神如火种接传不尽。后指哲理、道德或事业的世代相传。

【石火】①敲击石头发出的火星。②比喻人生短暂。

【改火】古时钻木取火，四季所用之本不同，因时改变，叫作"改火"。改火一年一个轮回，后用指一年。

可以看到词语记录的古人两种取火方法，一是钻木取火，这还要涉及木材的选择，春用榆，冬用槐；一是敲石取火。

人与火的结合不论在形式还是内容上，确实是自然进化史中一个质的跃变。正如华盛顿的某一大型建筑上镌刻的那样："火，一切发现中的最伟大的发现，它使人类能够生存于不同的气候中，选出众多的食物并迫使自然力为人们工作。"[①]在对人类的贡献上，火与水是一样的。但是，从比喻词语来看，火留给人很多不幸的记忆。人们常用火或与火关的喻体做喻，表达不满、邪恶、憎恨之情。

---

① 海斯，穆恩，韦兰. 世界史[M]. 北京：三联出版社，1975：17-18.

【焦没】指物体入火烧焦，入水沉没。比喻毁绝。

【饥火】饥饿难忍，如火燃烧。

【炎崑】指灾祸。

【燻灼】熏烤。比喻威势逼人。又作熏灼。

【汤火】①热汤与烈火。②比喻战争，战乱。

【燎毛】火烧毛羽，比喻成败极易。

【焚溺】水火。比喻苦难。

看来，火虽然能够给人类带来光与热，但是，火在那种自然和失控条件下毁灭万物、吞噬生灵的威力，必然震慑着原始人类的心灵。或许是由于火的这种利害并存的巨大效应和火具有死灰复燃、蔓延流动且飘忽不定的存在形式，才塑造出原始人群对敢于并能够控制火性的"普罗米修斯"的一种折服崇拜心理，这完全是由集体觅食的第一需要，和火在人类生存与生活中所占据的重要地位所决定；例如在以后的《周易》中多处可见的"火在天上，大有""天与火同人""上火下泽、睽，君子以同而异"等论述，正反映出在原始社会，如果没有分工的职位等级制建构成形的话，至少也出现心理建构上的臣服恐惧萌芽。进一步讲，对人类生存与生活能起如此巨大利害双重效应的火，是依恋和恐惧心理氛围中的原始人群在社会组织的形式上与内容上建构起等级划定的动力。①

火的巨大伤害力，以及与火的出现紧密相关的等级制度的出现，在古代的人们的心里留下了恐惧的烙印。这些烙印不可避免地折射到词语中。

其他如：火精、火云、火宅、炎精、炎炎、火色、火树、火旗、火轮（太阳）、寒火、火伞（烈日）、燧炎（太阳）、火驰（迅速地奔跑）。

植物文化。喻体为植物类的词语有189条。应用最多的植物是花和草。对于它们，古时人们的态度是相反的。大量关于草的比喻词语含有否定的意思。

比如：飞蓬（①一种多年生的草本植物，花似柳絮，聚而飞，故名。②比喻散乱）、草菅（①草茅，喻轻贱。②草野，民间）、菅蒯（可以编

---

① ［德］汉斯·比德曼. 世界文化象征词典[M]. 桂林：漓江出版社，2000.

绳的一类茅草。比喻微贱人物）、稂莠（①稂和莠都是杂草。②坏人）、萧艾（野蒿臭草。比喻不肖或品德不好的人）、披靡（①草木随风偃伏。②比喻败军溃逃）、草芥（比喻轻微、无价值的东西）、苗而不秀（长了苗却没有开花结果。指未成人而夭折）。

也有少量褒义词语，多取草生长茂盛之处做喻，如：擢秀（草木发荣滋长，也比喻人才出众）、葳蕤（①草木茂盛、枝叶下垂的样子。又比喻祖德之盛。③比喻辞藻华丽）。

花和草不同。这一点可以从词语的感情色彩上看到。比如：

【穠华】①盛开的花朵。②喻公主。

【春荣】春花，比喻少年。

【花萼】②以花与萼相依，比喻兄弟相亲。

【槿花】②比喻人心易变。槿花朝开夕落，以此形容人心多变。

【天葩】非凡的花。常用以比喻诗文秀逸非常。

【苔花】成花形的苔。

【莲步】美女的脚步。

【繁华】①花盛开，比喻年龄与容貌之盛时。

【昙花一现】比喻事物一出现即消失。

【芙蓉出水】比喻清秀。

史前的人们逐步学会识别和利用植物的花，以花的形态作为识别植物的重要标志，甚至以花作为民族或部落的图腾。那时人们注重的是花卉的实用价值而不是欣赏价值。如梅，在三千多年前的古籍上记载："若作和羹，尔唯盐梅。"可见梅最初的功用是代替盐来调味，而非用于欣赏。说到这里，可以看到，花成为重要喻体，是因为花有实际功用，对人有益；花的数量不像草那样多，生长不易，开花不易，培植不易，因此十分衿贵；花儿的美丽是有目共睹的。人们从认识野生花卉、栽培应用花卉、欣赏花卉，进而推崇花卉，把花卉视为美好事物的化身，用于抒发内心的情感，表达崇高的理想和美好的祝愿，于是花卉成了一种传情达意的理想比喻物。

花卉中的兰花特别为古人所钟爱。兰花幽雅，兰叶青翠，花色脱俗，香气沁人,有"香祖"之誉,自屈原起就被视为高尚人格的象征。《孔子家语》品兰谈及:"与善人交,如入芝兰之室,久而不闻其香,即与之俱化矣。"又云:"芝兰生于深谷,不以无人而不芳;君子修道立德,不为困穷而改节。"因而兰花也被誉为君子。凡是涉及兰花的词语都与美好、高贵、贤德有关。如:丛兰(比喻美好的人、物)、兰芳(比喻贤德、贤人)、兰交(称知己)、兰玉(对别人子弟的美称)、芝兰(比喻贤德之人)。

花、草一贵一贱,反映了古人的态度。除了这两类植物,古代比喻词语中还有许多树和灌木丛,这反映出古人对植物的认识品种之多,观察之细,了解之深。如:樗栎(樗树和栎树,庄子认为它们是无用之材,后用以比喻才能低下)、丹桂(①桂树的一种。又指木樨的一种。②比喻登科及第的人)、三荆(三株三枝的荆树。常用来比喻同胞兄弟)、杞梓(①杞和梓。皆优质木材。②喻优秀的人才)、松筠(松树和竹子。比喻坚贞)、云柯(凌云的高枝,比喻人品高尚)、蒲柳(即水杨。质性柔弱且又树叶早落,比喻人早衰或人之微贱)。

【苞桑】也作"包桑"。①丛生的桑树。②比喻根基稳固。③比喻不牢固,岌岌可危。

【根本】植物的根。多比喻事物的根基、本源。

【瓜葛】瓜和葛。两者均蔓生植物,故用以比喻互相牵连。多指有亲戚关系。

【瓠犀】瓠瓜的子。因其洁白整齐,常以比喻女子的牙齿。

【棘刺】①棘木的刺。②比喻正直或刻薄。

【葭莩】①芦苇秆内的薄膜。比喻关系极其疏远淡薄。

【秀实】禾吐花叫秀,成谷叫实。比喻人之成年。

【石榴裙】红裙。指美人的衣饰。

【枯木朽株】腐坏的木头,烂树桩。也借指老朽无用之人。

【李代桃僵】喻兄弟当分忧共难,后引申为互相代替,或代人受过。

以上与植物有关的比喻词语,如瓜葛、瓠犀、葭莩、李代桃僵等,说明古时人们对植物习性、功能、特点等相当了解,因此才能创造出大量以

185

植物为喻的词语。

二、居处器用

用具类。

脑髓的进化以及其他种种因素，使得人类能够使用和制造工具，工具的产生使得原始人类把食物加工的过程部分转移到了体外。良好的食物供给促进了大脑的再一次发育，人们慢慢能从事逻辑思维，进行意识交流，并产生了语言；正是由于这些，作为生物物种之一的人类，获得了非凡的成功。所以一直以来，人们认为能够制造和使用工具是人与动物的根本区别。

我们从《古代汉语词典》中发现的这一类词语共有237条，如：

刀锥（喻微小之利）、砥砺（磨刀石，喻磨炼）、网罗（捕捉鱼鸟的工具，喻法网）、杼轴（织布机上的主要部件，喻文章的构思）、皎镜（喻水明洁清澈）、矩䂎（规则法度）、衡镜（指辨别是非善恶的尺度）、箕踞、舆薪（喻大而易见之物）、籥口（即钥口，喻闭口不言）、栉比（梳齿。形容细密而齐整）、檃括（①矫正竹木弯曲的工具。②修改润色，考虑斟酌）、经笥（装经书的竹箱子，比喻通经博学的人）、缁帷（帷帐，喻林木繁茂之处）、琼钩（弯月）等。

以上词条中涉及的用具包括镜子、刀、锥、网、钥匙、薪柴、梳子、织布机、矩、簸箕，都是生活中必备的常用的器具。

值得注意的是，在所有用具转化词语中，交通工具、战争用具、饮食器具占了一半以上。

《墨子·辞过》说："古之民，未知为舟车。"在史前悠久漫长的岁月，人们的远行外出，是靠徒步行走。进入夏商时代，绝大多数人仍旧如此，谈不上能有什么交通工具可免除出行劳累之苦。甲骨文有一"遴"字，像一人行走在四通衢道之间，特别突出了人的足部，正是徒步行走之状。

古代的道路，远非后世畅通易行。能够代步的"车"就显得相当重要了。相传中国人大约在4600年前黄帝时代已经创造了车。[1]也有人认为车是在夏代创制的。[2]不管怎样，中国是最早使用车的国家之一是没有疑义的。在后来相当长的一段时间，车成为最重要的交通工具，它在上古的地位超过了马。造车不易，能用车做外出远行交通工具的人，其社会地位必居一般人之上。《国语·晋语四》云："车上水下必伯。"韦昭注："车动而上，威也；水动而下，顺也；有威而众从，故必伯。"车的贵重，使它成了古代统治阶级显赫权势的象征。只有相当地位的统治者，才有条件得到乘车之便，"致远而不劳"。[3]

造车在古代是一个集大成的工艺部门，被称为"一器而工聚焉者，车为多"，分工细致、制造人多，使车的组成部分和功用被人熟悉、掌握。《古代汉语词典》中有关交通工具的词有55条，大多为车或车的部件。如：

辐辏（车的辐条集中于车轴心，比喻人或物聚集在一起）、推毂（①助人推车前进，比喻助人成事。②比喻推荐人才）、结辀（用皮革蒙住车厢外部作为障碍。比喻心情郁结不畅）、后车（①副车，侍从乘的车。②跟在翻了的车后的车。比喻将前人失败的教训引为戒鉴）、鼓车（①载有鼓的车。皇帝外出时的仪仗之一。②比喻大材小用）、机轴（弩牙和车轴。比喻重要的地位）、帷裳（②车旁的帷幔。③喻指近臣）、结靷（把引车前进的皮带系在车轴上。喻驾车奔走）、说辐（车辐脱落。车不能行，喻夫妻不和）、绾毂（控制。毂是车辐所聚之处，比喻各条道路集中之处）、辚轹（①车轮碾压。②践踏，欺凌）、悬车（①停车。②指辞官居家。③指黄昏前的一段时间）。

车之所以如此受重视，还因为在商、周至春秋的长时期中，战车兵是战场上最重要的兵种。先秦时代，常以战车的多寡作为衡量一个诸侯国国力的尺度，如所谓"千乘之国""万乘之君"都是从这个意义上派生出来的。所以车不仅是交通工具，更是重要的战争工具，具有很高的地位，

---

[1] 王崇焕. 中国古代交通[M]. 北京：商务印书馆，1996.
[2] 孙机. 中国古舆服论丛[M]. 北京：文物出版社，2001：58.
[3] 宋建豪. 夏商社会生活史[M]. 北京：中国社会科学出版社，1994.

受关注的程度也自不同。不过车首先是交通工具，战争工具是它的延伸作用，所以我们放在这里谈。

除车以外，人们相继发明了许多不同的交通工具。《夏·本纪》"陆行乘车，水行乘船，泥行乘橇，山行乘檋"，是对古代几种主要交通工具性能的总结。《列子·汤问》云："水舟陆车，默而得之，性而成之。"船、马也是重要的交通工具，在浙江余姚河姆渡新石器时代遗址的考古发掘中，有木桨出土，说明至迟在大约7000年前就已经有独木舟。在距今5000年左右的浙江杭州水田畈和吴兴钱山漾的新石器时代的遗址中，也有木桨出土，说明当时独木舟已成为浙江地区的水上重要交通工具。①

古人利用交通工具创造出不少比喻词语，如：船骥（船与良马。比喻治国贤能之臣）、船乘（船与车马。用以喻治国贤能之臣）、维楫（系船的绳与划船的桨。比喻法度）、虚舟（①空船。②比喻胸怀宽大）、衔辔（①马嚼子和马缰绳。②喻法令）、壑舟（比喻事物在不知不觉中发生变化）、舟楫（①船和桨，泛指船只。②比喻宰辅之臣）。

先秦时马多用于驾车，极少单骑，春秋末年才有贵族骑马的记载。直到南北朝以前，我国上层社会的男子出行时，仍讲究乘车而不常骑马。在一些比较隆重的场合，舍车骑马甚至会被认为是失礼的举动。②用马驾的车往往是权贵所乘。直接把马当成交通工具是在南北朝以后，此前马作为交通工具是间接意义上的，即仅仅在与车相连的时候。

所以上古时候，很少看到单独用马来做喻的比喻词语，就是这个道理。

战争用具，46条。如：

桴革（鼓槌与铠甲，比喻战斗）、更张（①重新安上弓弦。②比喻变革）、心旌（指心情，心意）、干城（盾牌与城郭。比喻捍卫者或御敌的将士）、火旗（①红旗。②比喻火热的云层）、利器（①锐利的武器。②精良的工具。③比喻卓越的才能，人才。④比喻权柄、法制）。

---

① 王崇焕. 中国古代交通[M]. 北京：商务印书馆，1996.
② 孙机. 中国古舆服论丛[M]. 北京：文物出版社，2001：58.

第十章 比喻词语与历史文化

战争伴随着历史而向前发展。人们在伤害敌人和被敌人伤害的同时，不断发明、研制武器。先进的武器意味着强大的杀伤力，所以从上到下，所有的人都关心着它。以战争用具作为转化词语的基础也就十分自然了。

饮食器具，31条，如：

瑚琏（瑚、琏都是古代祭祀时用以盛黍稷的器皿。因其贵重，常用以比喻才干、能胜任大事的人）、金瓯（①金制的盆盂之类。②比喻国土完固）、瓦釜（①陶土烧制的锅。②比喻小人）、破甑（喻不值一顾之物）、瓶罄罍耻（比喻人民穷了，是当政者的耻辱。后喻两者关系密切，休戚相关）、瓦釜雷鸣（比喻低庸之人处于高位）、破釜沉舟（比喻下定决心，不顾一切地干下去）、玉盘（比喻圆月）、破觚为圆（改方为圆。比喻破除严刑峻法）、饭囊酒瓮（盛饭的袋子装酒的瓮，比喻庸碌无能之辈）。

以上比喻词语大约列出了我国古代饮食用具釜、甑、瑚、琏、盘、瓯、壶，包括酒器觚等。

在所有饮食器具中，鼎的地位是相当高的，这从收集到的比喻词语数量可以看到，如下22条：

【鼎沸】鼎水沸腾。用以比喻人心浮动或形势动荡。

【鼎足】①鼎一般是三足，故以之比喻三者并立。

【槐鼎】槐，三槐。鼎，重器，三足。故用以比喻三公之位。也泛指执政大臣。

【鼎峙】指形势如鼎足三方并峙。

【和鼎】比喻辅弼大臣。

【鹄鼎】喻佳肴。

【观鼎】图谋君位。鼎为三代传国之宝，是君权的象征。

【称鼎】九鼎转移，喻改朝换代。

【调鼎】调和鼎中之味。比喻治理国家，又比喻宰相之喻。

【神鼎】①鼎的美称。②鼎是国之重器，故以神鼎喻国命。

【周鼎】周代的传国宝鼎。比喻贵重之物。

【九鼎】①相传夏夷用九州的青铜铸成九个鼎，夏商周三代奉为国家政权的象征。②比喻分量很重。

【牛鼎烹鸡】以容牛之鼎烹鸡。比喻大材小用。

【尝鼎一脔】尝其一二，可知其余。

其他有：【迁鼎】（迁都）【台鼎】【鼎立】【移鼎】【定鼎】【鼎运】【庖鼎】【汤鼎】。

鼎在青铜餐饮器具中尤为重要，是专用来烹煮和盛放肉类食物的器具。在商代，贵族们食必有鼎，鼎必有肉；祭必有鼎，鼎必有牲。西周时期，奴隶主贵族为了维护其有秩序的统治，在衣食住行各方面都有一整套严格的规定。从西周中期开始形成的列鼎制度，更使青铜鼎成为贵族阶层内部"明贵贱、辨等列"的标志。

这就是说，奴隶主贵族的地位越高，使用的鼎数就越多，能够享受的美味肉食自然越丰盛。在祭祀和宴享时，也就越加豪华排场，即所谓"列鼎而食""钟鸣鼎食"，充分显示了奴隶制度下宗法礼仪的森严。

所以比喻词语中关于饮食器具类，"鼎"占了相当重要的地位。以此造出很多词语。

建筑类，共97条。

我们所说的建筑，主要指房屋。古时的房屋有的称"堂"。所谓"堂"，指高敞明亮的屋子，或住宅的正屋。由于堂屋是住宅中较为宽敞、考究的屋子，一般是家族活动的重要场所，逢年过节，可用作祭祀列祖列宗的祭堂；遇有红白喜事（婚事丧事），则作为举行婚礼的礼堂，或吊孝的灵堂；有客从远方来，就是宴请宾客的客堂；请老秀才给子弟讲学，又成了讲堂……堂的功能多，自然重要。如：

【堂构】①筑堂基，建房舍；后以～～喻祖先的遗业。

【垂堂】堂屋檐下。檐瓦落下可能伤人，用以比喻危险的境地。

除了"堂"以外，还有"室"：

【入室】学问技艺入于精深的境界。

【阃奥】本指室内深处。后用以比喻学问、事理的精微深奥的境界。

【升堂入室】登上厅堂，进入内室。原意是比喻学问造诣深浅程度的差别。后用以赞扬人的学问或技能达到很高的境界。

为什么人们喜欢用"室"来比喻深奥之处呢？这就涉及古代建筑的格局了。

古代居室，前为堂，后为室。"堂"一般是公共活动的场所，"室"则是封建时代妇女的居处，那时的女性不允许抛头露面，位居正堂后面的室成了她们主要的活动场所，所以"室"后来成了妇女的代称。

能够进入室，表明客人与主人关系匪浅，所以"室"也用以比喻精深的境界。

在建造房屋的诸多构件中，人们最关注的是支撑整个房子的梁、柱、椽。梁，是梁柱结构中的水平构件。柱，梁柱结构中的垂直构件。椽，屋顶的木件，通常由屋檐边缘斜铺而下，支撑表层屋顶。它们对房屋起了关键作用，所以人们常将梁柱比喻对国对家极为有用的人才，我们常说的"栋梁"即源于此。如：

栋梁（房屋的大梁。又借喻承担大任的人才）、干桢（本指筑土墙用的支柱，又用以比喻事情的基础）、榱桷（椽子。常比喻担负重任的人物）、栋挠（屋梁摧折。比喻形势危急）、柱国（①对国家极为重要的地域或人物）、柱石（比喻担当重任的人）、生栋覆屋（用新伐的木材做栋梁，容易变形，致使房屋倒塌，比喻祸由自取，无须怨人）。

"门"作为整个房屋的出入口，自古就受到非同一般的重视。古代，门是显示社会等级的重要标志，高门大户、朱门彤扉是权贵之家的象征。《礼记·礼器》早就说："天子诸侯台门。此以高为贵也。"左思《咏史》："峨峨高门内，蔼蔼皆王侯。"与此相衬的蓬门荜户、柴门柴扉，则是穷家小户的代名词。所以"衡门""柴门""柴扉"，成为古代诗文的高频率用词。描写清贫清高可用它，用作隐居的、不仕的标志。①在等级社会里，宅门的高矮大小，同尊卑程度成正比。如：

席门（以席为门。比喻家贫）、小户（①小门。②酒量小的人。③门第低微的人家）、蓬户[编蓬为户（门）。比喻贫陋之室]等。

古代的门框上有一横木叫楣，门楣既具有支撑门户的作用，又是挂门

---

① 吴裕成. 中国的门文化[M]. 天津：天津人民出版社，1999.

匾、署门额的地方。门楣硕大，则门户壮观。开门关门的门轴，称为枢。门上关插的木条，横的叫"关"，竖的叫"楗"，竖立在大门中央的短木叫"闑"。枢、关、闑、楗，都是使门紧合的重要部件。如：

【门楣】①门框上的横木。②门第，家族的地位。

【桑枢】用桑树枝做门的转轴。比喻贫寒。

【关楗】①门闩。②比喻事物中最紧要的部分。

【帐闑】指家门。闑，竖立在大门中央的短木。

除了以上的主要建筑外，还有其他一些与房屋建筑相关的比喻词语，如：

雕龙（雕画龙文。比喻善于文辞）、藩篱（①用竹木编成的篱笆，作为房舍的围墙。②比喻国家的屏障，外围）、壁立（①家中只有四壁空立。形容非常贫困。②形容陡峭的山崖像墙壁一样耸立）、径庭（①穿越中庭。②门外路和堂前庭院。比喻相差甚远，不近情理）、屋下架屋（比喻重复他人之作而无创新）。

道路类，共19条。

古代的道路，远非后世畅通易行。《孟子·尽心下》说："山径之蹊，间介然用之而成路，为间不用，则茅塞之矣。"

道路是货物传输、文化交流的重要保证。古人很早就注意到道路的重要性。远古尧舜时，道路曾被称作"康衢"。西周时期，这种关注主要表现在对道路进行仔细观察，有了详细分类：把可通行三辆马车的地方称作"路"，可通行两辆马车的地方称作"道"，可通行一辆马车的地方称作"途"。"畛"是老牛车行的路，"径"是仅能走牛、马的乡间小道。到了春秋战国，诸侯为争夺中原霸权，纷纷修筑能够通行战车的道路。秦始皇统一六国之后，更是大修驰道，"车同轨"，兴路政，使车辆直达全国各地。汉朝时期张骞、班超则开辟了通往西方的"丝绸之路"。[①]

道路发展史是伴随着文明史的，没有平坦的道路，人们无法与外界沟通，也很难走出去开拓新的天地。它对人们的影响具体而直接——平坦

---

① 王崇焕. 中国古代交通[M]. 北京：商务印书馆，1996.

的、通畅的道路让人们行走便利，减少麻烦；坑坑洼洼、分岔的道路会让人们行走艰难，极为不便。所以人们常常用不同的道路比拟不同的事物。

如好的道路做出的比喻：

【亨衢】①四通八达的大道。②比喻美好的前程。

【亨途】平坦的道路。喻时世太平。

【交通】①空间上的彼此通达。②交往，交游。③暗中勾结。④情感上的沟通、交流。⑤两种对立因素的相互作用。

【要津】重要的渡口，比喻显要的职位。

【云路】①云间。②比喻仕宦之途。

【究塗】把路走完。比喻做事有恒心。

【衢尊】比喻恩泽。

不好的道路做出的比喻：

【泥涂】①泥泞的道路。②比喻地位卑下。③视为污浊。

【歧路】①岔路。②比喻官场中险易难测的前途或不正当的途径。

【崎岖】①形容山路高低不平。②比喻处境困难艰危。③跋涉，奔波。④辗转。⑤形容情意缠绵或感情委婉曲折。

【失路】①迷路。②比喻不得志。

【迍邅】行进艰难的样子，比喻处境艰难。

【坎坷】①道路不平坦，坑坑洼洼。②比喻不顺利，不得志。

【埳坷】①道路不平坦。②比喻受挫折，不得志，不顺利。

【末涂】①路程的终点。②末期。③人的晚年。

【衢柯】向四方伸展的树枝。

【日暮途远】日已向晚而道途犹远。比喻计穷力尽。

玉与珍珠。

玉，最早出现在新石器时代初期。当时的先民以石头作为生活、生产工具的材料，在选择、打制、琢磨石器的过程中，逐步认识了玉。我国是世界三大古玉产地之一，分布地域广，蕴藏量也很丰富。[①]其实，玉这种

[①] 薛麦喜. 黄河文化丛书：民食卷[M]. 太原：山西人民出版社，2001.

矿物因其高硬度和由于结晶状态不同而表现出各种特性，如顶性、卧性、韧性、拧性、斜性以及脆性、燥性、冻性等，使玉料无法通过凿击取形，碾琢工艺极为繁难。只是在先民以惊人的热忱投入巨大的创造性努力的情况下，玉器才在古代中国崭露头角，放射出夺目的光彩。它所包含的劳动量极大，从而其价值也被推上高峰，成语"价值连城"即源于对玉器的估价。①……由于质脆价昂等特点，玉器的使用范围受到限制，使它成为精神领域中影响大，在生产实践中作用小的一个特殊器类。《礼记·玉藻》说"古之君子必佩玉"，又说"君子无故，玉不去身"。佩玉不仅成为极重要的衣饰，古人还将玉当作修身的标准和衡量个人品德的尺度，成为一种具有社会道德含义的特殊物品。

以玉为喻体产生的词语共66条，大都表现美好的感情与事物。如：

圭璋（①两种贵重的玉器。②比喻品德高尚）、红玉（红色的玉石。古代常以此比喻美人）、璧合（像美玉结合在一起。比喻美好的事物聚集在一起）、琼瑶（①美玉。②喻雪。③比喻美好的诗文）、怀玉（比喻怀才）、十德（古代称玉有十种品质，比喻君子十种美德）、馔玉（形容食物珍美如玉）、昆玉（①昆仑山的美玉。多比喻心地高洁，文章精美等）、握瑜（比喻怀有美才）、抱璞（①抱持蕴藏有玉的石头。②比喻怀有真才实学）、丰年玉（比喻太平盛世之人才）、冰清玉洁（比喻人的品格高尚纯洁）、兰摧玉折（①宁可清白而死，不能污浊求荣。②好人早死）。

其他如：埋玉（对才华出众者逝世的哀悼）、潜玉（喻洁身避世）、球琳（比喻俊美的人才。琳，美玉）、玙璠（①美玉。②比喻美德或品德高洁的人）、琼瑰（①美石，玉珠。②喻美好的诗文）、瑕颣、瑕谪、瑕玷（比喻缺点，过失）、琼琚（玉佩。比喻华美的诗文）等。

经科学考证，远在中生代三叠纪（约2亿余年前）便出现了珍珠。因为珍珠不需要经过加工就能做饰物，所以历来有不少专家们推测：珍珠很可能是人类最早使用的装饰品之一。据《书经（尚书）·禹贡》记载，大约

---

① 孙机. 中国古舆服论丛[M]. 北京：文物出版社，2001.

第十章 比喻词语与历史文化

在公元前2200年的夏禹时代，淮河一带出产淡水珠，被称为"淮夷珠"，并被列为当时必须交纳的贡品。可推测，珍珠的价值最早体现在修饰的作用上。美化人类、美化生活的珍珠同玉一样，都在古人心中留下了美好的印象。以"珠"为喻的词语虽然不如玉多（共15条），但都反映出珍珠的美丽与贵重，还有古人的喜爱褒扬之情：

珠玉（常比喻优美珍贵之物）、珠斗（北斗七星）、珠儿（古时闽粤一带称男孩为珠儿）、珠汗、珠还（比喻去而复还或失而复得）、珠晖（月光）、珠泪、珠林（形容林木美好）、珠娘（①女孩）、珠谈（比喻谈吐美妙）、珠庭（①指天庭，前额的中央。②指神仙所居之处）、琼珠（①玉珠。②喻露珠、水珠、雪珠等）、连珠（①成串的珍珠。②文体的一种）、珠联璧合（比喻美好的事物或人才聚集在一起，完美无缺）、欬唾成珠（比喻言谈不凡，文字优美，出口成章）。

三、饮食和服饰

饮食类，共85条，包括31条饮食器具类。

饮食是人类赖以生存和繁衍的最基本物质条件之一。古人早明确说过："食者，万物之始，从之所本者也。"（《尚书大传》又《淮南子·主术训》云："食者，民之本也。"）；"食，殖也，所以自生殖也。"[①]饮食是人类生存繁衍的保证。所以，以此喻后代子息实在是基于最基本的生存需要。如：

【炊火】烧饭的烟火。比喻人烟或子嗣后代。

饮食往往在总体上构成一时代一地区的社会经济动态直观和人们消费生活水平高低的表征。早在夏商社会，饮食已与政治观念和等级制纠合一体。《尚书·洪范》列"食"为"八政"之首。[②]高质量的饮食，吃饭时多肉类，对粮食和肉食的精工细作，只有统治阶层才能享用，而一般劳动

[①]《释名》，东汉末年刘熙著。
[②]宋建豪. 夏商社会生活史[M]. 北京：中国社会科学出版社，1994.

人民只配制作粗糙的饮食。这种饮食上的差异体现出社会功利取向与价值观。它对词语的影响也是很深的：

【和羹】①用不同调味品配制的羹汤。②比喻大臣辅助国君，和心合力，治理国政。

【红粟】指存放多年而变质的陈粮。也比喻粮食富足。

【膏粱】①肥肉和上等的粟，精美的食品。②指富贵者，富贵之家。

【疾味】可以致病的美食。比喻邪恶的行为。

【醍醐】①从酥酪中提制的奶油。②比喻人品美。

【浆酒霍肉】视酒肉如浆藿。极言奢侈浪费。

【盐梅】①食盐与梅子，烹饪用以调味，银匠用以洗银。②比喻宰辅大臣。

以上是好的饮食为喻造出的词语。

【炊桂】烧桂做饭。言薪贵如桂。比喻生活困难。

【鸡肋】①比喻无味而又不忍舍弃之物。②比喻体弱。

【调饥】朝饥，即早上饥饿思食。比喻一种渴望的心情。

【糟糠】酒糟和谷皮。比喻粗劣食物。

【啜汁】吮食残汤。比喻乘机邀功取利。

【糊口】吃粥。比喻生活困难，勉强维持。

【樵苏不爨】打柴割草，却无食为炊。比喻贫困。

以上是不好的饮食为喻造出的词语。

上面两种饮食的优劣程度决定了比喻对象的好坏程度。可见饮食具有"明贵贱、辨等列"的功能。除这些之外，还有其他一些以食物、动物、器具等为喻造出的词语，如：

面市（比喻大雪覆盖的街市）、乞浆得酒（比喻所得超过所求）、舐糠及米（从外到里。比喻逐渐蚕食）、牛鼎烹鸡（以容牛之鼎烹鸡，比喻大材小用）、吐刚茹柔（吐出硬的，吞下软的，比喻怕硬欺软）。

服饰类，共108条。

服饰是一种无声的语言，揭示着相应时代的文明程度，直观上反映出人们生产物质生活本身的能力，而且每以一定的心态、意识、思想和情感的表露为其内涵。早在夏商时代，服饰已不可避免被赋予"礼"的内容，《左传·昭公九年》："服以旌礼。"《管子·君臣下》"旌之以衣服"，旧注："衣服所以表贵贱。"

从新石器时代一直到秦汉以前的几千年中，中原地区的服装原料都是以麻布、葛布为主，平民只能穿布做的衣服，因此平民亦称"布衣"。另外，当时也有用绵羊毛织的毛纺织品，绵羊毛的毛绒短且粗，颜色暗淡，贵族们只是用它织的毡毯铺地。但平民和奴隶们却穿这种粗糙的毛织品制的衣——褐。粗糙的衣料代表着低贱的社会地位和贫困的生活，所以古代社会，人们常用这样的衣饰来比喻清贫的生活和地位较低的人：

【被褐怀玉】身上披的是粗布衣服，胸前却揣着宝玉。比喻怀抱美才而深藏不露或出身贫寒而怀有真才实学。

只有少数贵族才能以丝绸为衣料。即使到了汉代，布帛的产量巨大，但是价格仍很昂贵，穷人一般是穿不起最普通的丝织品"素"的，故有"贫不及素"的话。精美华服成了优裕生活的代言品。如：

玄纁（黑色的布帛。后世常用为聘请贤士的礼品）、缟纻（②缟带和纻衣。以比喻友谊深厚）、挟纩（披着锦衣。比喻因受到抚慰而感到温暖）、良裘（①精美的皮袍。②比喻祖传的技艺）。

同样重要的还有衣服的样式，不同颜色、不同的部位，古人都展开丰富联想，表达其他意义。如：

边幅（布帛的边缘，借喻人之仪表，衣着）、衿带（衣带。比喻险要地带）、兰襟（①香美的衣襟。②良友）、纲领（网纲和衣领，比喻事物的关键部分）、襞积（①衣裙上的褶子。②聚集）。

与衣服相配的身上穿戴的各种饰物，如帽子、头巾、冠、佩玉、丝带等，可以表明佩者的身份，人们常以此喻指所佩之人：

【冠玉】装饰在帽子上的美玉。后多用来比喻美貌男子。

【解佩】文官解下佩饰之物。比喻辞官。

【弁髦】缁布之冠（用黑布做的帽子）和童子垂在前额的短发。古代男子成年后，举行冠礼，先用缁布之冠，次加皮弁，后加爵弁，三加之后，即弃缁布之冠不用，并剃去垂发。故用"弁髦"比作无用之物。

【蓍簪】①蓍草做的簪子。②比喻故旧。

四、音乐

有31条。

中国音乐起源很早。春秋战国时期，已经是中国青铜时代音乐文化发展的巅峰时期。各种音乐文物异常丰富，不可胜数，考古发现中还出现了以前尚未见到的重要文物，如笙、竽等簧管乐器，琴、筝、瑟等弦乐器，编钟、竽、钲、句䍓、铎等青铜乐器以及律管等。其中有些乐器以前就已流行，但始终没有见到出土的实物。……《国语·周语》中最早完整记载了中国古代十二律的律名，即黄钟、大吕、太簇、夹钟、姑洗、仲吕、蕤宾、林钟、夷则、南吕、无射、应钟。这些律名沿用后世，成为今天仅知的一套传统律名。①

商代乐舞盛逾夏代，凡祭祀或贵族飨宴，几乎无不用乐，故文献有"殷人尚声"之说。先秦文献中有云："天子食，日举以乐。"（《礼记·王制》）"天子饮酎，用礼乐。"（《月令》）"王大食，三宥（旧注：宥，犹劝也），皆令奏钟鼓。"（《周礼·春官·大司乐》）"凡祭祀、飨食，奏燕乐。"（《春官·磬师》）上层贵族统治者的日常饮食，都是要以乐助食的，乐还用于致祭鬼神祖先、酬飨宾客等各种场合，成为与所谓"经国家、定社稷、序人民"的"礼"相提并举的古代社会两大精神支柱。《礼记·乐记》称"乐由中出，礼自外作"，再三申述"乐"的精神作用和社会意义，并谓："圣人作为（鞉）、鼓、椌、[楬]、埙、篪，此六者，德音之音也，然后钟、磬、竽、瑟以和之，干、戚、旄、狄以舞之，此所以祭先王之庙也，所以献酬（酢）酳也，所以官序贵贱各得其宜也，所以示后世有尊卑长幼之序也。"

音乐可与饮食并列共行，它对于人们更多是美感的需要，它满足的是人们精神上的要求。这一点对比喻词语的创造是极为有利、方便的。我

---

① 王子初. 中国音乐考古学[J]. 福建教育，2003.

们在《古代汉语词典》中看到大量以音乐或与之相关的事物作为喻体的词语，比如：

【琴瑟】②琴瑟同时弹奏，其音和谐，故以比喻夫妇间感情和谐或兄弟、朋友间情谊融洽。

【清徽】①高洁美好的风操。②清美的音声。喻高雅的谈吐。

【簧鼓】笙竽等乐器皆有簧，吹之则鼓动出声。比喻巧言惑人。

【簧言】①簧片振动发声。比喻美妙的乐音。②欺人的假话。

【激楚】①音调高亢凄清。②通俗淫逸之音。比喻诡谀之说。

【大成】③乐曲奏完一节谓一成，九成而乐毕，谓之大成。用以比喻学术上形成完整的体系。

【箫勺】①古乐名。箫，相传为舜乐。②销铄。比喻征服、消灭。

【盗竽】盗首。竽为五音之长，故称。

【清商】①古五音之一，商声。其调凄清悲凉，故称。②指秋风。

【埙箎】两种乐器。比喻兄弟和睦。

【商歌】悲凄之歌，商音悲凉凄厉，故称。后以"～～"比喻自荐求官。

【橐籥】①犹今之风箱。②比喻天地间无穷尽之物，即大自然。

【铿铿】①象声词，形容钟声。②比喻言词明朗。

【磬折】①弯腰如磬之形。形容十分恭敬。②形容乐声婉转。

【琼音】①喻清越之音。②形容美好的言辞、诗文。

【如簧】①如笙鼓簧。簧，乐器里边的能震颤的发声薄片，比喻巧舌。

【琵琶】①乐器名。②鱼名。

【檀槽】①用檀木做的弦乐器上架弦的格子。②指弦乐器。

【素商】秋季的别称。古代五行金配秋，金色尚白，五音又以商配秋，故称秋季为素商。

【姑洗】古代乐律分为十二种，称为十二律。古人又以十二律与十二月相配。姑洗指夏历三月。

【南薰北鄙】兴盛之声和亡国之音。

199

【笙磬同音】像笙、磬之音和谐相合。比喻朋友之间情谊相投，关系融洽。

【巧言如簧】指花言巧语美妙动听，有如笙中之簧。

【同工异曲】也作"异曲同工"。比喻不同人的辞章却能达到同样高的造诣。

【改弦更张】调整琴弦，使声音和谐。比喻改变措施。

由如此众多数量的比喻词语，或可看到古人对乐器的掌握程度，对乐音的熟悉程度。

五、其他

制造类，共20条，如：

砭石（①用石块磨制成的针或片，古代用以治病。②比喻治国之法）、淬砺（也作淬厉、淬励：①淬火磨砺。②比喻刻苦进修锻炼）、断金（②比喻友谊深厚）、锻炼（②罗织罪名，陷害人。③锤炼文句）、洪炉（②喻天地。④喻陶冶和锻炼人的场所或环境）、洪陶（巨匠。指天。天生万物，如陶匠的制造器物，故用以喻天）、宗匠（②比喻君主或辅佐之臣）、陶铸（②造就，培养）、刻楮（比喻技艺的工巧）、枘凿（谓圆孔难以插进方榫，枘两不相合）、坯冶（制坯冶炼。比喻培养人才）、切磋（比喻道德学问方面相互研讨勉励）、陶钧（①制作陶器用的转轮。比喻对事物的运转、控制。②比喻造物者）、埏埴（①将黏土放在模子里制作陶器。②比喻教育熏陶）、凿枘（①榫眼和榫头。比喻互相投合。②"圆凿方枘"的省语。比喻龃龉不合）、钧枢（制陶的转轮和门的转轴。比喻重要职位）、陶冶（①烧制陶器，冶铸金属。③培育，造就。④熏陶）、方枘圆凿（方形的榫头、圆形的榫眼。比喻两者格格不入，彼此不相容）。

以上比喻词语的喻体，大多与制造冶炼有关，这反映出我国古代冶炼技术在古人生活中的重要程度。

量度类，20条，如：

第十章 比喻词语与历史文化

圭勺（圭和勺都是很小的容量单位，用以比喻微小）、扶寸（同"肤寸"。比喻很小）、腹尺（腹中宽容尺，形容胸怀开阔，度量大）、分寸（①一分一寸。比喻微小。②比喻时间短暂。③说话办事适当，有限度）、肤寸（古代长度单位，一指宽为一寸，四寸为一肤，比喻短小）、衡镜（衡器和镜子。衡可以量轻重，镜可以照美丑，指辨别是非善恶的尺度）、寻尺（比喻细小）、咫尺（①比喻长度短或距离近。②比喻微小或少量）、铢两（极轻的重量）、权衡（①称量物体重量的器具。衡，秤杆。②衡量。③喻权力）、悬衡（①悬秤，即天平。②势均力敌，相抗衡）、一介（①一人，单个。③比喻微小）、锱锤（比喻细小）、锱铢（比喻极细微的数量）、尺寸（③犹"分寸"）、枉尺直寻（比喻小处有损，大处得益）、尺短寸长（比喻人或事物各有长处，也各有短处，不能一概而论）。

货币类，8条，如：

如：青钱（②喻荷叶、榆钱等）、贝锦（①有贝形花纹的丝织品。②比喻罗织罪名，毁谤诬陷别人的谗言）、万金（②比喻价值贵重，极难得）、紫钱（圆形发紫的苔藓）、满贯（钱穿满了绳子。比喻罪恶盈满）、石钱（石头上长的圆形苔藓）、苔钱（圆形的苔点，因形似钱，故称苔钱）、青钱万选（喻文辞出众）。

除以上成系统的载体外，还有一些其他载体，它们较为零散，大约有197条。如：

金石（①金属玉石之类。②比喻固守不变）、城社（①城池和祭地神的土坛。③比喻权势、靠山）、俱丑（古代祈雨时用的状如鬼怪的土偶。喻丑恶的人）、鞭笞（①用鞭子抽打。②比喻征伐）、弹丸（①弹子。②比喻狭小）、丹青（①丹砂和青䨼，两种可做颜料的矿物。③比喻光明显著）、跳丸（①古代百戏之一，以掷丸上下挥舞为戏。②比喻时光飞逝）、缀旒（①表率。②比喻君主被臣下挟持，大权旁落）、廊庙材（比喻可以承担国家重任的人才）。

这里就不一一列举了。

第二节 比喻词语古今流变的个案研究
——以动物为喻体的比喻词语

比喻词语是通过比喻的造词方式滋生的词语。由于过多地涉及意义，该类词语饱受质疑，与其他造词方式造出的词语很难截然分开。需要正视的问题是，比喻词语的结构和意义具有一定程度的特殊性，有时成为中文信息处理时的瓶颈。比如结构相同而意思不同的"白菜"和"木鱼"："白菜"是"菜"而"木鱼"却不是"鱼"。

就意义而言，比喻词语也有其特殊之处。比如，古时许多动物的分类是非常精细的。像"马"可以分成非常细致的类：骊、骓、骢、骆、骠、骏、骁、骏、骥、驳、骄、骐等。这表明当时人们已具有在牲畜的年龄、大小、体形、性别等方面的充足知识。动物比喻词语则通常取该类词语的类名做喻，如角马（比喻事物失去本来面目）、跃马（策马飞奔。比喻富贵得志）、筹马（古代投壶记胜负的用具[①]）、狗马（比喻地位低贱）、竹马（儿童当马骑的竹竿）、铁马（檐马，即风铃）等。显然，动物比喻词语关注的是马的特点和人们对马的看法。

所以动物比喻词语与普通动物词语的区别主要在于：动物词语主要记录的是动物的各种类型，它反映了当时当地的物质文化（如生产力水平、生活状况），它着重于客观的描摹，不掺杂太多感情色彩；动物比喻词语突出的是当时当地人们所关注的动物的特点，并通过对该类动物特点的描摹间接表达出自己对新事物新现象的认识，词语里加进了很多主观因素，透过它可以发现人们对这类动物的认知心理。由于这种认知心理能够进入人的意识世界，同时借助语言得以在民族或社会群体中再生，进而对人们的世界观产生影响，因此研究这一类词语对于研究一个民族的文化来说就显得非常重要了。

[①] 孔疏：投壶立筹为马，马有威武，立者所尚也。

一、动物喻体的计量与比较分析

在相同的文化背景下，比喻词语喻体古今趋于一致是大多数人的直观认识。这是因为文化是维系民族生存和发展的精神纽带，具有相对稳定性。我们感兴趣的是这样一些问题：喻体是否被后世全部传承？传承至后世的喻体其数量与比例是多少？古今喻体的使用频率是否一样？为此笔者搜集了《古代汉语词典》中的434条动物比喻词语（其中涉及的动物有105种）、《现代汉语词典》中的776条动物比喻词语（其中涉及的动物有100种），并对作为喻体的动物从种类、数量、使用频率三个方面进行统计和比较。

1. 喻体的计量与比较

种类与数量：

我们把比喻词语中涉及的动物分成五类：禽鸟类、走兽类、昆虫类、水族类，还有一类较特殊，是传说中的动物（龙、凤等）。传说中的动物按功能本可以归入这四类之中，考虑到它主要存在于人们的精神世界，非现实动物，因此单独列出。

下面用表格列出比喻词语中应用动物数量比：

出处	禽鸟类	走兽类	昆虫类	水族类	传说动物	合计
《古代汉语词典》	26	29	16	13	21	105
比例	24.76%	27.62%	15.24%	12.38%	20%	100%
《现代汉语词典》	26	33	20	11	10	100
比例	26%	33%	20%	11%	10%	100%

从表中可见，在总数上，古今动物喻体的数量相差不大。古今动物喻体种类比为：

古代：走兽类>禽鸟类>昆虫类>传说中动物>水族类；

现代：走兽类>禽鸟类>昆虫类>水族类>传说中动物。

前三种动物喻体的数量排序相同，只有后两种顺序略有调整，今天传说中的动物作为喻体的机会日益减少。

另外，在古今205种动物喻体中，有115条词中的动物古今都用作喻体，有90条词中动物喻体古今不同。很多动物只出现在特定时期，如狮子、豹、象、鳖、蚯蚓、蜻蜓、螳螂、鳄鱼、猩猩等都是上古没有出现的喻体，而蜉蝣、青蚨、蠖、羯羠、蚖、虺等动物喻体今天也不再应用。动物喻体从比例上看，56.1%古今相同，43.9%古今不同。相同的动物喻体优势并不特别明显，不同动物喻体的数量则相当可观。

频率：

我们对动物比喻词语的喻体使用频率做了整理，排除类名动物、鸟、虫、鱼，古今应用频率最高的前十种动物是：

排名	1	2	3	4	5	6	7	8	9	10
《古代汉语词典》	马41③	虎30	鹤19	牛18	龙18	雁16	狗14	鸡14	凤13	鹄12
《现代汉语词典》	马73	虎70	龙54	狗52	牛43	鸡33	猫19	羊18	鼠18	狼16

在古今应用频率最高的前十种动物中，有六种动物：马、虎、龙、狗、牛、鸡，古今相同并始终位居前列。除此之外，鹤、雁、凤、鹄（天鹅）在古代使用频率较高，猫、羊、鼠、狼今天使用频率较高。综上所述，假设动物喻体为P，那么古代动物喻体$P_{古}$和今天动物喻体$P_{今}$呈下面关系：

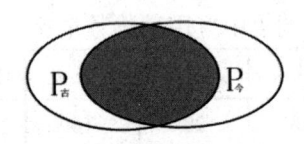

图中阴影部分为古今动物喻体的相同点。这一部分面积较大，表明动物喻体在种类、数量及使用频率方面古今相比同多于异。动物所承载的文化也伴随词语传承到后世，继承是文化传递的主要特征。同时，我们也注意到$P_{古}$与$P_{今}$的差别并不在少数。大的类别如禽鸟类、走兽类、昆虫类、水族类、传说中的动物使用数量与比值大致相同，但具体的动物种类则随着时间的推移有了较大的变化（在古今共205种做喻体的动物种类中，相同的动物有115种，不同的有90种）；使用频率方面古今的同异比值为6∶4，古代在人们精神领域占有重要地位的吉祥动物鹤、雁、凤、鹄（天鹅）让位给今天生活中常见动物猫、羊、鼠、狼。

2. 喻体古今继承的典型个例

作为文化稳定的例证，水中动物是比较有趣的一类。如图：

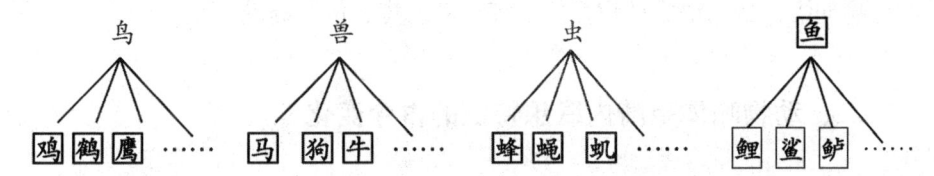

```
    鸟              兽              虫              鱼
  ╱ │ ╲          ╱ │ ╲          ╱ │ ╲          ╱ │ ╲
 鸡 鹤 鹰……     马 狗 牛……     蜂 蝇 蚬……     鲤 鲨 鲈……
```

如果把自然界的动物粗略分成鸟、兽、虫、鱼四类，那么水中动物用作喻体时与其他类动物是有区别的：其他类动物用作喻体时大都为个体动物名称，如上图加框的动物，这些动物是鸟、兽、虫这样的"属"的下位"种"这一层次。但是水中动物大都用上位层次作为喻体，即泛指水中动物的鱼。如：

【池鱼】①隐喻受仕宦束缚而丧失自由者。②隐喻无端受牵连而遭祸害者。

【贯鱼】穿成串的鱼。隐喻前后有秩序。

【鱼鳞】军阵名，意指像鱼鳞一样相互接次。

【鱼目】隐喻以假乱真；隐喻眼泪。

【赪尾】隐喻忧劳。

【鱼贯】【鱼丽】古代车战的一种阵法，似鱼之比附而行，故名。

【曝鳃】隐喻挫折、困顿。

【枯鱼】干鱼。后用以隐喻人身处困境。

只有少数时候会出现具体的鱼名，如：

【鲸鲵】隐喻凶恶的人；隐喻遭杀戮的人。

【涸鲋】喻身陷困境、急待救援的人。

以及今天的"炒鱿鱼"。

隶属不同层次的喻体反映了人的认知范畴的自然离散性，即在人们的心目中，鱼和狗、马、蜂、蝶等是并列分离的，具有同等的价值。这不符合生物学需要，但契合当地的文化心理。这种认知心理一直传递到今天，现在，鱼仍常做喻体，如从古代传承到今天的：鱼贯、池鱼、鱼目（混珠）等。其他如《现代汉语词典》中出现的鱼白、鱼龙混杂、鱼水、如鱼

205

得水、鱼水情、鱼死网破、鱼尾纹、鱼游釜中、衣鱼（昆虫）、鱼雷等。

当然，由于地理环境的差异，方言中有许多以具体水中动物作为喻体的比喻词语，如闽语中的螺、蚶、虾、鲈、鳗、龟、蛏等。[1]

二、动物喻体范畴内联想特征的古今变化

比喻词语中的动物喻体在历时发展过程中有传承、有变化，前者阐述者众，后者谈者不多。较为重要并且通常被忽视的是普通动物喻体。一般认为它们在民族内部的心理印象始终如一。事实上，随着时间的推移，人们对动物的态度也产生了不同程度的变化，这种变化一旦稳定，势必反作用于词语，影响比喻词语的生成。那么，怎样观察人们心理上的微妙变化呢？笔者从比喻词中动物喻体突显的特征入手。动物自身具有多种属性，如年龄、生活习性、牙齿、翅膀、外在形体、声音、颜色、动作等。一般说来，动物喻体范畴内典型、突出的特征更容易激发联想，而同一种动物在不同时期突显的特征并不完全相同。这反映了人们对动物认知情感的变化。通过语料分析，我们认为动物喻体范畴内的特征变化大致可分为突显特征增多、减少和变换三种情况。

1. 动物范畴内突显特征的变化类型

（1）突显特征减少。

古代汉语中以"虎"为喻体的比喻词，突显出"虎"的多个特征，如：

市虎、虎将——勇猛　虓阚——声音　虎穴——住地
虎变、彪炳——斑纹　虎视——目光　虎步、虎踞——动作
虎口、虎吻、虎尾——形状/部位

《现代汉语词典》除传承古代的比喻词语外，新增加的如：

拦路虎、母老虎、纸老虎、老虎凳、虎狼、拉大旗做虎皮、骑虎难

---

[1] 肖模艳. 闽南方言隐喻词语研究[J]. 漳州师范学院学报，2010，6.

第十章 比喻词语与历史文化 ◀

下、虎口拔牙、捋虎须①——勇猛。

虎牙、虎背熊腰、虎头虎脑——形状。

狼吞虎咽——动作。

可见，《现代汉语词典》中的以"虎"为喻体的比喻词语，其范畴内的大部分特征在淡化，由古代的八个特征减至五个特征，今天最突出的其实只有两个特征，即老虎的"个性（凶猛）"和"形状"。这说明老虎凶猛的特点和威武斑斓的外形是今天人们心目中的典型特征。

再如"蚁"：

古代汉语动物比喻词语中，"蚁"范畴内突显的特征有：

蚁附、蚁合、蚁聚——动作

浮蚁、瓯蚁、绿蚁——形状

先驱蝼蚁、蚁术——习性

现代汉语中，"蚁"范畴内突显的特征有：

蚕蚁——形状

蚂蚁搬泰山、蚂蚁啃骨头、如蚁附膻——动作

突显特征从三个减至两个。

（2）突显特征增加。

"牛"的突显特征增多的情况较为突出。古时的人们注意到"牛"的特征有：

穿鼻（喻听命于人）、牛饮、舐犊——动作

犊鼻裈——形状与部位

现代汉语中，"牛"的突显特征大大增多：

羚牛、土牛堆、牛皮癣、牛头刨、牛毛、犄角（物体两个边沿相接的地方）、棱角、牛角尖、牛鼻子、牛脖子（喻脾气倔强）——形状与部位

牛脾气、牛气、牛性、护犊子——习性

牛劲——力气

---

① 后三个词语为主观臆造，是虚拟意象，究其造词理据，其实还是与老虎在人们心目中勇猛这一特征有关。

207

▶ 汉语比喻词语研究

牛皮纸——颜色、质地①

古今比较来看，特征增加了四个。

再如"鸡"。鸡是古时重要家畜。古代汉语动物比喻词语中"鸡"的特征有：

晨牝｜牝鸡司晨②、鸡鹜——平凡（人所赋予的性质）

鸡蹠、鸡心——形状/部位

现代汉语动物比喻词语中"鸡"的特征：

鹤立鸡群、偷鸡摸狗、鸡零狗碎、杀鸡吓猴③——平凡（人所赋予的性质）

公鸡｜瓷公鸡、呆若木鸡、褐马鸡、鸡公车、鸡肋、鸡眼、鸡心、鸡胸、鸡皮疙瘩、鸡毛蒜皮、鼠肚鸡肠｜小肚鸡肠——形状与部位

田鸡——功效④

鸡血石——颜色

金鸡独立、斗鸡、鸡奸、落汤鸡、杀鸡取卵——动作

从上面的词语及特征来看，从古至今"鸡"范畴内的特征有了明显的增加。

（3）突显特征改变。

如"鹿"，比较：

《古代汉语词典》	麀聚｜聚麀（喻人的淫乱行为）、鹿骇（喻惊惶失措）、鹿马
《现代汉语词典》	鹿死谁手、鹿砦｜鹿角、指鹿为马、麇集、逐鹿、四不像

"逐鹿""鹿马""指鹿为马"是典故简缩而成的比喻词语，我们将其排除。值得注意的是其余的词。《古代汉语词典》关注的是鹿的交配特征（麀聚｜聚麀）、鹿生性胆小的特征（鹿骇）；《现代汉语词典》关注的是鹿的形状特征（鹿砦｜鹿角；四不像）和鹿喜群居的特征（麇集），事实上"麇集"一词传承自古代，今天的人们关注的焦点仅为鹿的形状特征。

---

① 《现代汉语词典》中列出的词语并非都产生自现代，是前面历代的积累。它们在现代仍在应用，说明动物的特征在现代人心目中仍受到重视。因此，也可看作现代人心目中的突显特征。
② 这两个词也是主观臆造，是虚拟意象，该造词理据与鸡的平凡特征有关。
③ 该词造词理据与鸡的平凡特征有关。
④ 因肉质细嫩胜似鸡肉，故称。

再如"龙"。

在《古代汉语词典》中，大多喻指至高无上的人物，如皇帝、优秀的人才、英雄，例如：

二离（比喻同时代两个有才华的人。离，通"螭"）、二龙（称誉同时著名的两个人。一般多指兄弟）、潜龙（喻圣人在下隐而未显，或贤才失时未遇）、卧龙（比喻隐居尚未显露才能的人）、龙麟（指皇帝或其威严）、龙蛇（②比喻蛰伏，隐退。③比喻异常的人）、龙飞（①比喻帝王将兴或即位。②比喻升官、得意）、龙凤（①形容帝王的相貌。②比喻才能卓越的人）、虬虎（喻英雄人物）——高贵、虬蟠：像虬龙一样盘屈缠绕。

"龙"的范畴内"高贵"的特征最为突出，其次是"形状"特征。

今天则颠倒过来，新产生的比喻词语多从龙的身体形状、功能出发，如：

龙须面、龙眼、龙头、龙骨、龙门刨、水龙、一条龙、长龙、合龙、火龙、车水马龙。

龙的"高贵"的特征则退居其次。

说明：

动物喻体范畴内突显的特征数量不等。上文应用频率较高的动物喻体，如牛、鸡、虎、龙、凤同时突显出多个特征。除此之外，突显的特征也可以只有一个。如《古代汉语词典》中的虱官（指害国民的人或弊病）、貔貅（勇猛的将士）、夷羊（喻贤人）等，以及《现代汉语词典》中的蚂蟥钉（有两条腿的钉子，一般呈"冂"形）、斑马线等喻体，都只突出了喻体的一个特征。

动物喻体范畴内的特征突显强度不同。通常情况下，喻体范畴内有一个特征突显强度最高，其他特征突显强度相对较弱。突显强度最高的特征即当时人们心目中的典型特征。如虎的"勇猛"、龙的"高贵"。

2. 动物范畴内突显特征变化分析

上文谈到动物喻体范畴内部突显特征的三点变化。为了解喻体范畴内

部特征变化的特点,我们把古今应用频率最高的前13个动物喻体[1]按照上面分析进行总结,结果如下表:

突显特征	动物喻体
减少	虎、鹿、蚁、鹤、雁、鹄
增加	鸡、牛、羊、狗、鼠
变换	龙、凤

可以看到,家畜与老鼠是人们生活中的常见动物,它们不仅保留了从古至今的熟悉度,而且还伴随着时间的推移突显出新的特征。而那些没有驯养的动物或昆虫,如对人们构成威胁的"虎";古代林中常见动物"鹿"、常见虫"蚁";还有具有美好寓意、能够引人联想的鹤、雁、鹄,这些动物在今天城市化的生活中已很难见到,常见的也不再是人们关注的焦点,如"蚁",因此逐渐淡出人们的视线。相应地,喻体范畴内的特征也在减少、退化。

具有象征意义的非现实存在的动物龙、凤,古时有它们存在的社会背景,如与统治者相联系,今天人们对于自然的认识更加科学,这些词赖以存在的封建体制土壤已消失,因此现在以这一类词为喻体创造出的新词多取象于外形,而非人们所赋予的精神力。

那么,到底哪一些特征在古今不同时期获得较多突显呢?

我们按照李海霞的研究[2]将动物比喻词语喻体范畴内特征大致分成习性(包括动物自身的习性和人们赋予的性质,如龙的高贵)、视觉形象(如形状和部位)、动作、声音、颜色五方面进行归纳统计。

在《古代汉语词典》434条动物比喻词语中,排除典故造出的动物词语,如"狐首"(为狐死首丘的简缩);相关的动物词语,如"网漏吞舟"等,剩下344条。在344条词语中,人们创造比喻词语所关注的动物特点顺序依次是:

习性(147条)>视觉形象(122条)>动作(60条)>声音(8条)>色彩

---

[1] 以"猫"为喻的词《古代汉语词典》中只有"李猫",指人笑里藏刀。因其出现于唐中期,时代较晚,因此不计入上古比喻词语中。

[2] 李海霞. 汉语对动物命名取象的优先规律[J]. 南京社会科学学报, 2000, 10.

第十章 比喻词语与历史文化

（7条）

在《现代汉语词典》776条动物比喻词语中，按上面标准排除典故造出的动物词语（鹿死谁手）及相关动物词语（溜须拍马），剩下609词条。除2条关于动物气味比喻词语，其他关注点排列顺序依次为：

视觉形象（328条）>习性（145条）>动作（109条）>色彩（21条）>声音（6条）

可以看到，"习性"在古代是造词取象的重点，而"视觉形象"则是现代造词取象的重点。

动物喻体范畴内突显特征的变化实际体现了关注焦点的转移，这有些类似于认知语言学中的"图形与背景"。"图形（figure）与背景（ground）是认知语言学中的重要概念。……'图形'指某一认知概念中感知突出的部分，即注意的焦点部分；背景即为突出图形而衬托的部分。图形/背景的区分有其心理基础。"[①] 如果暂时忽略其他突显特征，只比较动物喻体两大特征"习性"和"视觉形象"，就可以清晰地看到古今突显特征的转换，如图：

```
   ┌─────────┐              ┌─────────┐
   │ ●   ○   │   ━━━━▶      │ ○   ●   │
   └─┬───┬───┘              └─┬───┬───┘
（古）│   │                （今）│   │
    习性 视觉形象             习性 视觉形象
```

黑色圆点表示突显特征，灰色圆点表示退居其次的突显特征。如同图形/背景理论所揭示的一样，图形与背景在一定的条件下催生了变化：古代人们与动物关系密切，在与动物频繁的接触中，感知到了动物"习性"这一突显特征，它成为关注的焦点；今天，城市化的生活使人与动物拉开了距离，动物的习性不再是人们关注的重心，人们更多感知到的是动物的外形特征，即"视觉形象"。

这种图形/背景的转换条件是人们所处的社会生活环境的变化。社会生活环境的变化导致了心理的变化，最终促成人们感知图形的转换。

---

① 赵艳芳. 认知语言学概论[M]. 上海：上海外语教育出版社，2001.

三、结 语

上面我们分析了比喻词中的喻体尤其是内部特征的历时变化情况。喻体中所含意象是中国古典哲学中的一个重要概念。以"象"为基础来感知世界是一种普遍的思维方式。这种"象"在每一代人习得母语的过程中自然获得，因此是一个社团稳定的基础，但并非一成不变。动物比喻词语喻体的传承与变化表明：一个民族选择的意象具有稳定性，能够传承下去，可是，在漫长的历史发展过程中，意象内的特征同时进行着缓慢的变化。这就使后世人对于古时的比喻词有时难以理解真正含义。因此，探求喻体的历时变化对于解码隐喻真值具有重要的意义，而掌握隐喻真值对于挖掘民族文化的内涵则具有重要的作用。

要说明的是，动物喻体的意象，其内涵特征不仅仅存在于词中，也存在于其他语言单位中，如短语和句子。但是，词作为固定在词汇系统中的语言单位，已经获得全民认可，具有稳固性，出现在词中的动物喻体表现出来的特征能够在一定程度上代表一个时代的基本面貌。

第十一章　比喻词语文化特点

不考虑文化因素，便无法解释两个不同事物如何在人的观念之中联系起来，也无法解释人们对隐喻理解的深层机制。文化是比喻中两个所指的纽带，每个民族均有民族心理的历史积淀。

喻体具有民族差异性，喻体的选择与认知体现了民族文化的特点。

第一节　比喻词语喻体反映的文化特点

一、重实用

比喻词语大多借用其他载体来表现事物与现象，载体的选择离不开人们所认知的物质生活。物质文化是指人类创造的种种物质文明。它是一种可见的显性文化。诸如生产和交通工具，武器、日用器具、服饰、居住、饮食和其他人类行为所需要的物品等。[①] 从古代比喻词语文化分析中我们可以看到，比喻词语所涉及的个体事物和群体事物都与人们的生活息息相关，如个体事物中的水、火、道路，群体事物中的动物、自然现象、用具、建筑、饮食、植物、衣饰等，都是人们日常生活中必需的事物，或者是对人类生活有极大影响的事物或现象。因为古代人们的生存环境仍然很恶劣，维持基本生活需要是第一要务，与之相关的事物也深印在他们的脑海之中，在事物再认识时，首先是将这些事物迁移过去。人们在造词时，很容易联系与自身利益相关的事物，在它们的身上寻找未知事物的相似

[①] 邢福义. 文化语言学[M]. 武汉：湖北教育出版社，2000.

点。这也是平常人们所说的"远取诸物"。

那些较为抽象的,为贵族独享的事物,如颜色、音乐、祭祀、量度、官职等,则用得较少。

二、重精神

这里所说的重精神主要指对人们有着深刻心理影响的事物。在我们前面所列的个体事物和群体事物中,很多都在人们心目中占有相当重要的位置,这种精神力量促成了更多联想,也因此造出了更多的词语。

比较典型的例子是玉。"玉"这一矿物,实际价值并不大,它具有质脆易碎的特征,不能当作武器、农具等一些实用性较强的用具;而且在古时琢磨不易,制造塑形需要花费大量的人力、物力和精力。但是,这并不妨碍玉在我国人民心目中的尊贵地位。它的所有特征,无论是颜色、样式还是性质,都被古人美化,大量应用到词语当中,创造出了许多用玉做喻体的美好词语。

再如鼎。这一饮食器具在古代,尤其是青铜器盛行的时候较为流行,人们用它来蒸、煮、盛食物。实际上古人吃饭老百姓并不是都用鼎的,只有有钱有势之人才配吃饭时用鼎。所谓诸侯"钟鸣而食""列鼎而食",每餐鼎的多少与身份地位有很大的关系,所以"鼎"逐渐与有势之人挂上了钩,人们对待鼎的态度也发生了变化,鼎由食物用具转化为重要的身份象征。这一意象长期留存在人们的心理,成为构词的心理理据。

第二节　比喻词语喻体的取象类型

一、横向——社会折射型

社会生活是喻体的一个重要来源。人们生活在社会中,一切无不与社会的发展变化息息相关。相当一部分喻体就来自于当时的社会现实。比如今天的新词语有很多是比喻造词，喻体都是当今社会才有的事物与现象：蛋糕（喻指社会财富）、国家队（喻指大中型国有企业）、菜单（选单）、病毒（计算机病毒）、擦边球、麻将病、起飞（原指飞机开始升空飞行。现也喻指事业起步迅速，发展顺利）等。

现实社会对于喻体影响很大。不同的社会对喻体也有不同的影响。

二、纵向——文化继承型

人通过语言符号系统与物质世界进行联系。在语言的学习过程中，不仅思维和行为方式可以习得，而且价值、信念、规范、习俗、符号及其使用、知识等也都是可以习得的，因为这些都属于文化范畴。喻体一旦固定到语言当中，势必作为一种文化现象，伴随着语言的发展而世代相传。如龙、凤、虎、狗等动物意象，星、云、雷、山、水、桃、李等自然现象，玉、鼎、珠等人文现象，今天仍可被用作喻体，构成新的比喻词语，习得母语的同时，也就获得了融合在母语中的"物质世界镜像"。喻体也是一样。这说明，喻体有文化继承性，它作为民族意象，能够被继承下去。

三、小 结

比喻词语实现的是跨域组合。它通过喻体联想到本体，通过具体表达抽象。喻体的来源大致有三个方面：人自身、自然环境、社会生活。认知语言学家还认为："基本等级范畴词汇发展了更多的隐喻和转喻意义。"所以，透过喻体可以了解丰富的社会文化、心理文化，而这些文化一般说来都是当时最为人熟悉的。因此，笔者认为，喻体反映的文化特点是：实用与精神并重；喻体取象的类型有两种：社会折射型与文化继承型。

第十二章 比喻词语的认知与理解

本章所说的比喻词语指的是通过比喻的方法创造出来的词，不包括含有比喻义的词。

长期以来，比喻词语在学术界没有引起充分的重视。这大概基于以下两点原因：一是比喻词语涉及修辞学。比喻研究的源头可以追溯到古希腊的亚里斯多德，他提出的对比论和替代论一直影响着修辞学领域的隐喻研究，但其仅将比喻看作是词语层次的一种修辞方式，将比喻的功能看作是一种附加的、可有可无的"装饰"，缺乏对比喻本质的认识和阐述。受此影响，人们一直对比喻词语有种"装饰有余，实用不足"的印象，谈到这一类词，往往附以"形象、生动"等修饰语，对于其命名功能则极少论述。这些看法成为比喻词语进一步研究的桎梏。二是从发生学角度看，比喻词语的产生借助比喻，通过在源域和目标域之间建立映射关系而产生。这种造词方式过多地涉及意义，从而使比喻造词很难从形式上与其他造词法截然分开。所以，比喻造词法是否具有独立的语言学价值颇让人怀疑。这种存疑的后果是，比喻词语虽然很早就作为一个术语被提出来，但是一直未能得到充分的重视，相关研究也流于浅层和表面。

我们认为，意义对于词语的滋生其作用是毋庸置疑的，因此比喻可以造词。但不断徘徊在比喻能否造词这一问题上并无益处，对比喻词深入细致地进行研究才能真正促使人们认识这一类词。20世纪30年代以来，认知语言学兴起。20世纪80年代，Lakoff & Johnson从认知角度提出概念隐喻理论，逐步确立了隐喻在思维及语言中的中心地位。国内语言学家对于隐喻的研究也给予了极大的热情。人们发现比喻词语不仅具有使语言更加形象生动的作用，它还具有更为实用的功能。这些都为我们的研究奠定了良好的理论基础。

本章主要研究比喻词语的认知与理解。梅立崇（1993）认为，比喻词语是国俗词语中的一类。它积淀着深厚的民族文化，是民族个性的体现。研究比喻词语的认知与理解对于深入了解民族文化内涵、从事对外汉语教学工作等都有重要的意义。此外，促使我们研究的另一个原因是比喻词语称谓的变化。认知隐喻理论兴起以前，人们常称这类词为"比喻词"，有时还细分为明喻型词语、暗喻型词语，现在人们几乎都笼统称为隐喻词。我们以为这不仅仅是表面称呼的变化，而是反映了人们对该类词语的认识。研究比喻词语的认知机制对于理清基本概念也有重要作用。

如何判断比喻词语，前文已有说明，此处不再赘述。

第一节 比喻词语的认知机制

在探讨比喻词语之前，有必要对比喻词语进行分类。比喻词语作为词汇系统中的一个类别，其内部大致可以按照喻体位置分为三类：前喻词（如钉螺、斑马线）、后喻词（如木鱼、火海）、全喻词（如炮灰、泰斗）。

从认知角度看，比喻涉及两个认知域之间的互动。Lakoff将这种互动关系称为"概念系统中的跨域映射"。比喻词语是两个认知域互动的结果。前喻词、后喻词、全喻词作为比喻词语的下位概念，同样是两个不同的认知域互动的结果。这种认识固然解释了比喻词语的认知机制，但却无法区分开前喻词、后喻词和全喻词。而鞍鼻、钉螺、斑马线、蝴蝶兰等前喻词和"火海、电脑、安全岛"等后喻词以及"冰轮、拐脖儿（弯成直角的铁皮烟筒）、顶梁柱"等全喻词，在语感上并不完全相同。比如构建相同的句式：

①这是钉螺。②这是电脑。③这是冰轮。

只有①句有清晰的所指概念范围，②句没有清晰的所指概念范围，但仍可理解。③句的所指概念则是模糊的。

这表明三类比喻词语并不完全一样。简单将其合在一起，归纳成"源域"与"目标域"互动的结果，不能解释三类比喻词语之间的差别。

我们认为，解释前喻词、后喻词和全喻词之间的差别还要进一步细化认知语言学中的隐喻理论。即，广义来说，所有的比喻其机制都来自隐喻，但事实上隐喻与明喻仍存在着不同，正是这种不同形成了不同的比喻词。

判断隐喻与明喻，仍需按传统语言学标准。传统语言学中，隐喻也称暗喻，判断明喻隐喻的标志是比喻句中能否加入"是"或"像"。陈嘉映指出："用像和是来区分明喻和隐喻，其实是对的，只不过两者的区分不在于修辞上用了像抑或用了是。张三是猪，虽然用了是，说的仍然是像，它仍然是一个明喻。逝者如斯，用的是如，却揭示着时间之所是，从而是一个隐喻。"[①]这清楚地揭示了隐喻和明喻的区别：不在于表面是否加入"是"或"像"，而在于内涵所揭示的是"是"还是"像"。

词语受音节限制，里面不能加入"像"或"是"这样的喻词表示明喻或隐喻（暗喻）。判断词语是明喻型还是隐喻型不能依靠主观加入"像"或"是"的简单扩展的句子。如"火海"究竟是"火像海一样""像海一样的火"还是"火是海"，恐怕很难主观臆断。

比较一下这三类词：

词目	类型	喻体	上位概念
钉螺	前喻词	钉	螺
电脑	后喻词	脑	不是"脑"
冰轮	全喻词	冰、轮	不是"轮"

可以看到，"钉螺"是"螺"的下位概念，去掉喻体"钉"，所指对象"螺"依然存在，喻体对事物本身没有实质影响；加上喻体"钉"，人们对于这种"螺"就有了形象的认识。喻体"钉"只突出其全部内涵（如形状、大小、尖锐等）中的一点：形状。因此，从认知心理上说，人们为了描绘这类螺的特征而寻找与此相似的事物，"钉螺"的创造起于修饰形容，形象生动是造词的目的。

[①] 陈嘉映. 语言哲学[M]. 北京：北京大学出版社，2003：375.

"电脑"却不是"脑"的下位概念,如果去掉喻体"脑",所指对象则不复存在;加上喻体"脑",所指对象才得以明确,喻体"脑"对于表达的概念有实质影响。所以,从认知心理上说,"电脑"的创造源于陈述和说明,为了表述一个概念而产生。喻体"脑"的全部内涵都赋予了所指对象,它是整体结构上的迁移。人们正是在喻体间接的提示中感受到词的真正的含义。

"冰轮"的抽象程度更高一点,它不仅没有指出上位概念,甚至连后喻词具有的限制性成分也一并去掉,人们只能从喻体"冰轮"的内涵里间接感悟到词的真正含义。

综上所述,"钉螺"应为明喻造词,它侧重两类事物的比较,突出的是"像";而"电脑""冰轮"则是隐喻造词,它实际揭示的是"是"。隐喻通过喻体提示所要说明的对象,比明喻更为含蓄,而且促使人进一步联想,效果要比明喻好得多。

区分开隐喻与明喻大致可以说明比喻词的认知机制。然而,词语涉及意义,本身是极为复杂的。那种截然分开的做法不符合实际情况。比如,同为隐喻,为什么全喻词比后喻词的意义更隐晦?我们认为,在以隐喻为机制的内部,存在着表义清晰程度不同的词语,它们形成了一个连续系统,共同构成隐喻词。在这个连续系统中,有更接近明喻的后喻词,如"火海""雪花"一类词。套用上面的表格:

词目	类型	喻体	上位概念
钉螺	前喻词	钉	螺
火海	后喻词	海	火
电脑	后喻词	脑	不是"脑"

可以看到,"火海"与"钉螺"相比,最大的区别在于喻体的位置不同,去掉喻体"海""花",所指对象"火"依然存在,喻体对于事物本身没有实质影响;加上喻体"海",人们对这种"火"有了形象认识。这样看来,"火海"也是明喻词了。

但是据笔者调查,后喻词大量出现于魏晋南北朝时期。为什么放着先秦就已出现的"喻体+本体"格式不用,偏偏采用很晚才出现的"本体+喻体"格式呢？笔者认为，这样的选择不是偶然的。把喻体放在后置语素的位置本身就证明了它想强调的是喻体而非本体。如"火海"想强调的是着火的面积，"露珠"想强调的是露水的形状，"竹马"想强调的是竹竿的功用，"怒火"想强调的是怒气的炽烈……和这类词相比，"钉螺"想强调的却依然是"螺"，前面的喻体"钉"只是用来描绘而非强调。也就是说，"钉螺"与"火海"造词时心理侧重点仍有不同，"火海"更侧重表达火的情况而非火本身，所以它是隐喻而非明喻。

陈望道亦指出后喻词应属于暗喻（隐喻）型[1]：

"玫瑰开不完，荷叶长成了伞；秧针这样尖，湖水这样绿，天这样青，鸟声像露珠样圆。"（闻一多《荒村》）

"秧针"实际上和"火海""雪花"同属一类，都是隐喻型词语。

"火海""雪花""秧针"类是接近明喻的隐喻词，大量的后喻词则纯属隐喻，如"碑额""鼻翅""耳轮""木鱼"等。

全喻词"冰轮""炮灰"等，与后喻词"电脑""鼻梁"等相比，显然，后喻词由于在词内提供了限制性成分，如"电""鼻"，所以多少给词语真正意义的联想提供了一个空间，而"冰轮""炮灰"词语内部没有这样的提示性成分，需要借助文化背景与上下文来理解其真正含义，所以较之后喻词，全喻词的意义更为隐晦。

综上所述，明喻是前喻词的认知机制，隐喻是后喻词与全喻词的生成机制，但是，以隐喻为机制的词语其表义具有程度上的差别。如下图所示：

明喻	隐喻		
前喻	后喻		全喻
钉螺、冰糖	火海、雪花	电脑、鼻梁	冰轮、炮灰

我们用颜色浓度表示意义的清晰度。可以看到，前喻词内部出现了上位概念，表义最为清晰。后喻词中的"火海""雪花"虽然最终选择了隐喻的身份，但是由于词内也出现了上位概念，因此表义也是清晰的；后喻词中的"电脑"这一类型是后喻休的主要部分，词内没有出现具体上位概

---

[1] 陈望道. 修辞学发凡[M]. 上海：上海教育出版社，2004.

念，因此表义相对模糊；而全喻词内部没有出现其他非喻体的提示成分，表义最为模糊。

第二节 比喻词语的理解

一、比喻词语理解的学理分析

如果把词语看成是一种命名活动，交际时"一个简单的命名活动涉及话语交际的双方A和B。如果交际者A生成一个名称需要X个单位的努力，交际者B记住名称M并熟练使用它需要Y个单位的努力，那么一次成功的命名活动所需要的努力总和为Z＝X+Y"[①]。下面我们将按照这一公式对普通词、前喻词、后喻词、全喻词做一比较。

在Z＝X+Y公式中，如果代入普通词、前喻词、后喻词、全喻词的相关成分，就会出现下面的情况：

小鱼——交际者A说该词时，X的投入一般（"小"为人熟知），而且指出了该词所指范围（鱼），所以交际者B就比较省力；用公式表示就是$Z_1=X_1+Y_1$。

金鱼——交际者A说该词时，X的投入比较多（实现跨域映射），但是由于指出了该词所指范围（鱼），所以交际者B就比较省力；用公式表示就是$Z_2=X_2+Y_2$。

木鱼——交际者A说该词时，X的投入比较多（实现跨域映射），但是由于没有明确所指（但是有限制语素"木"做提示），所以交际者B就需要较大的投入；用公式表示就是$Z_3=X_3+Y_3$。

鱼水——交际者A说该词时，X的投入比较多（实现跨域映射），但是由于没有明确所指（也没有其他提示成分），所以交际者B就需要更大的投入；用公式表示就是$Z_4=X_4+Y_4$。

[①] 黄华新，徐慈华. 隐喻表达与经济性原则[J]. 浙江大学学报，2006，3.

显然，"小鱼"和"金鱼"交际时理解难度不同：在$Y_1=Y_2$的情况下，由于$X_2>X_1$，那么$Z_2>Z_1$，也就是说，前喻词理解难度大于普通偏正词。

同样，"金鱼"和"木鱼"：

在$X_2=X_3$的情况下，由于$Y_3>Y_2$，那么$Z_3>Z_2$，也就是说，在交际过程中，理解后喻词要比理解前喻词花费更多的精力。

"木鱼"和"鱼水"：

在$X_3=X_4$的情况下，由于$Y_4>Y_3$，那么$Z_4>Z_3$，也就是说，在交际过程中，理解全喻词要比理解后喻词花费更多的精力。

综合以上，比喻词的理解难度如下：

Z_4（全喻词）$>Z_3$（后喻词）$>Z_2$（前喻词）$>Z_1$（普通词）

二、影响比喻词语理解的三个要素：频率、语境、语素形成能力

上面从理论上阐述了比喻词语理解时的难度差异。就本族语使用者而言，比喻词语有时并不那么隐晦、难以理解。除相同的文化背景外，还有三个要素对比喻词语的理解起了重要作用，即频率、语境、语素形成能力。

首先，频率的影响。

得出这一结论主要是通过调查问卷的方式。笔者向大学一年级新生56人发放问卷。问卷包括15个比喻词。这些词确定方法如下：首先，按比喻词三种类型提取词条。比如前喻词，把它继续分成喻体+本体式和喻体+非本体式，然后每一类随机抽出10个词。其次，在百度上对每个词进行检索，确定它们的出现次数，最后取次数最高者、中间、次数最低者3个词。通过这样的方法，我们一共确定了15个比喻词，它们分别是：

（1）前喻词。

喻体+本体式：植物人、龙须面、马蹄表。

喻体+非本体式：蔓延、蜡黄、鸭蛋圆。

（2）后喻词。

本体+喻体式：雪花、火海、蚕蚁（刚孵化出来的幼蚕，身体小，颜色

黑，像蚂蚁）。

非本体+喻体式：海啸、冰刀、钉帽。

（3）全喻词。

风霜（比喻旅途上或生活中所经历的艰难困苦）、腹心（①比喻要害或中心部分：~之患。②比喻极亲近的人；心腹）、拐脖儿（弯成直角的铁皮烟筒，用来连两节烟筒，使互相垂直）。

我们将这些词制成两张调查问卷。

问卷1仅列15个比喻词条，要求解释词义。全班56人，本应得到840条答案。其中有30条无效答案（2人未交卷），有效答案为810条。结果如下：

问卷1：

解释情况	没有解释（空白）	解释错误	解释不准确	解释基本正确	解释正确	合计
数字	154	137	35	73	382	810
比例	19.01%	16.91%	4.32%	9.01%	47.16%	100%

从表中可见，除去单独列出比喻词，能够解释正确的只有47.16%，加上解释基本正确的9.01%，全班同学能够准确解释比喻词的共有56.17%。有将近一半的比喻词解释错误，或无法解释。能够解释正确的词条，大多为词频高的比喻词，如植物人、龙须面、蔓延、蜡黄、雪花、火海、海啸、风霜；词频低的比喻词如马蹄表、钉帽、蚕蚁、拐脖儿则不容易理解。

其次，语境的影响。

上文的比喻词在提供语境的情况下是否容易理解？应用心理学家做了许多实验，以探索人们对区分本义语言和隐喻语言的能力。多数实验证实受试人需更多的时间处理隐喻语言，但也有差别不大的报道。[①]我们拟制作问卷进行检验语境的影响。问卷2中，我们从北京大学语料库"现代汉语"中检索相关例句，如：

3岁女孩唤醒"植物人"妈妈。

豫剧特有的美妙旋律，使饱经风霜的老一辈父老乡亲，脸上又一次绽

---

① 胡壮麟. 认知隐喻学[M]. 北京：北京大学出版社，2004.

开了笑容。

到了医院，老太太脸色蜡黄。

并将其放在问卷2中，借此考察语境对比喻词理解力的影响。

除去24条无效答案，这次我们得到816条有效答案。结果如下：

问卷2：

解释情况	没有解释（空白）	解释错误	解释不准确	解释基本正确	解释正确	合计
数字	16	41	71	167	521	816
比例	1.96%	5.02%	8.70%	20.47%	63.85%	100%

可以看到，"解释正确"和"解释基本正确"项加在一起占全部词语的84.32%。这是一个非常高的比例，这说明，语境对于理解比喻词有重要的作用。但是，还未得到正确理解的比喻词仍占15.68%，这也说明，语境能够帮助比喻词理解，但不能完全消歧。

最后，喻指语素形成能力的影响。

具体地说，喻指语素形成能力对比喻词的影响主要体现在构词方面。喻指语素代表的意象一旦获得全民承认，就能够在词义系统内稳定下来。稳定下来的喻指语素义再次类推出其他比喻词时，人们就不再需要为理解喻指语素而投入更大的精力了。

杨润陆[1]认为，全喻词无法形成语素，只有半喻词（前喻词与后喻词）能够形成喻指语素。如：前喻词形成的喻指语素有牙（牙轮、牙石、牙旗等）、月（月琴、月饼等）、烟（烟雾、烟霞、烟波、烟海、烟雨等）、梯（梯田、梯河、梯形等）、虎（虎将、虎威、虎步、虎气等）；后喻词形成的喻指语素有霜（砒霜、糖霜、盐霜、柿霜等）、轮（日轮、月轮、耳轮等）、嘴（豆嘴儿、瓶嘴儿、壶嘴儿、奶嘴、电嘴、油嘴、喷嘴等）、盘（磨盘、键盘、沙盘、表盘、碾盘、棋盘等）、针（撞针、钩针、指针、唱针、表针、松针、时针、秒针等）。遇到这类词时，只需代入已经定型的喻指语素义，便很容易理解整个词义。

不过，比喻词的喻指语素形成能力是不均衡的，据杨文统计，在《现

---

[1] 杨润陆. 由比喻造词形成的语素义[J]. 中国语文，2004，6.

代汉语词典》中，为前喻式复合词的喻指语素设立的义项大约有64个，为后喻式复合词的喻指语素设立的义项大约有137个。后喻词形成的喻指语素义比前喻词多出一倍不止，这说明后喻词比前喻词有更强的语素形成能力。这种能力使得后喻词在创造之初，理解时会相对困难一些，一旦后喻词内的喻指语素义稳定下来，利用这一喻指语素义再次创造的后喻词就变得相对容易理解了。

需要提出的是，这一问卷的调查对象主要针对的是大学生，调查对象过于整齐划一容易忽视答题者的主观因素，例如答题者的文化背景、知识水平、过往经验等方面。为符合千差万别的实际情况，还需要加大样本数量，在日后做更为广泛的调查。

余 论

　　汉语词汇的衍生大体上都可以归入下列四大类：音义相生（因音生义和因义生音）、语素合成（多个语素合成复合词，包括词组的词汇化）、语法类推（用虚化的语素类推构成批量新词）、修辞转化（把复音词的引申义凝成新义项或转化为新词）。[①]这四种造词法符合人类认知世界、描述世界的进展，并反映了汉语词汇发展的历史过程。相较于音义相生、语素合成、语法类推造词法，修辞转化造词法起源较早，但是兴盛最晚，唐宋以后慢慢增多，尤其是近半个世纪，随着普通话的普及、政治运动的影响、商品大潮的涌动，利用比喻创造的惯用语大有一发而不可收之势。"由于大量的诗文作者的加工提炼，各种修辞格陆续创造和推广，也由于书面语对口头语的大量渗透"[②]，修辞转化词语因此得到空前发展。比喻造词法则是修辞转化中运用最为广泛的方法。

　　研究现代汉语比喻造词，一个很重要的问题是：比喻新造词与比喻扩展词的区别与判定。这个问题涉及词条的确定，也相应地影响后来的结论。对此，我们把现代汉语比喻造词分成两类，一是比喻新造词语，它是人们通过隐喻认知对现有的词或词素进行重新组合，形成的新词新语；一是比喻扩展词语，就已有语词通过比喻手段扩展义项就是比喻扩展词语。比喻新造词语与比喻扩展词语之间存在模糊地带，我们把凡是具有新形式的词语都归入比喻新造词语的范畴之内。比如：事实上不存在的事物或现象，如鬼胎、勾魂、喷粪等；古时为句法成分，后来凝固成词的，如龟缩、蚕食等；化用典故诗文而成的，如乔迁、方枘圆凿等；简缩词，如管

[①] 李如龙. 汉语词汇衍生的方式及其流变[J]. 河北师范大学学报, 2002, 5.
[②] 李如龙. 词汇学理论与实践[M]. 北京：商务印书馆, 2001.

窥、庖代等。即便如此，仍有一部分词语要寻找词源以确定其身份。这就要借助现有的语料库，来帮助寻找这部分词语源头。还有一部分词，它们去古既远，今天已很难从词形上判断它的造词法了。如黎锦熙在《复合词构成方式简谱》①中举例说"蚂蚁"属于"两名相属"中的"喻型"。今天看来，"蚂蚁"已很难和比喻造词联系起来。所以，比喻造词的词源仍然是一个需要大量人力和时间去研究的问题。笔者仅仅初步做了判断，构拟了研究的思路，距离真正解决问题，仍有一段长长的路要走。

现代汉语比喻造词研究方法上的不足在于定量研究方法应用得不多。这可能与比喻造词自身涉及更多的人文因素有关。笔者力图克服这一不足，努力结合定量与定性研究，从语言事实中挖掘理论元素。

在日趋深入的研究中，笔者深深地感到这一领域仍有许多地方值得进一步开垦：

1. 比喻造词的古今南北对比研究

李如龙先生指出："比较研究是进一步发展汉语词汇学的必由之路。"② "从分体研究到整体的研究，从微观的研究到宏观的研究，词汇的研究都离不开比较——内部（古今南北）的比较和外部（亲属和非亲属语言）的比较。"③ 就词汇史来说，比较古今共同语及方言，考察词汇演变规律是十分繁重也是十分有价值的工作。

汉语词汇比喻造词由于长期以来在词汇系统中没有获得相应的重视，所以对它们进行全面描写的比较少，进行古今比较研究的论文就更为少见了。针对这种现状，笔者对现代汉语比喻造词予以共时描写。现代汉语比喻造词继古而来，又不断推陈出新，最为复杂。对现代汉语比喻造词进行整理、分类、描写是一项基础工作——断代的词汇描写是词汇比较研究的基础，没有足够的此类研究成果，比较研究只是一句空话。进行古今南北比较，则是未来的走向和趋势。相关的语言学理论，也必然在比较中归纳总结出来。

---

① 《国语旬刊》第11期，1929。
② 李如龙. 词汇学理论与实践[M]. 北京：商务印书馆，2001：132.
③ 李如龙. 词汇学理论与实践[M]. 北京：商务印书馆，2001：134.

要想了解现代汉语的词汇特点，必须拿它和古代汉语词汇做比较。在这方面，我们已经储备了相应的语料。比如《古代汉语词典》中的比喻造词（2184条），目前能搜集到的相关近代汉语词典中的比喻造词（2880条），以及本书作为主体研究的现代汉语词典中的比喻造词。由于时间、精力、篇幅所限，本书未能进行实质性的古今比较研究。未来我们将对比喻造词进行古今比较，考察比喻新造词语的调整和更替、比喻扩展词语中义位的增加和缩减，考察比喻词语的古今传承和变异等多方面情况。比喻造词中的喻体也是比较的重要方面。喻体往往是造词时代社会的基本范畴词，通过古今喻体的比较，能够了解文化的古今变迁，了解不同时期比喻造词的个性特征。

广义的现代汉语包括现代汉民族共同语和方言。研究现代汉语词汇的人一般只注意共同语词汇，极少关注方言词汇。比喻造词也是如此。事实上，进行共同语和方言、方言和方言间的词汇比较，其意义不仅在于认识现代汉语共同语和方言词汇现象的异同及方言间词汇现象的异同，由于不少方言词汇传自古代，还可以从比较中认识现代汉语和古代汉语词汇系统的差异。

比喻造词是通过具体形象的事物表达抽象的概念的造词方法。它所藉以造词的喻体必然受到地域文化的影响，这使得不同方言区的比喻造词有很大的不同。

方言比喻造词还要注意不成对应的词汇差异的比较。即有些概念在比较的一方成词，在另一方不成词，须用词组来表达，或者根本不存在该概念。[1]就比喻造词来说，可能出现这样的情形：

一方用比喻造词，一方不存在该概念；

一方用比喻造词，一方用其他方法造词；

一方用比喻造词，一方用比喻造语（或词组）；

双方都用比喻造词，但喻体不同；

双方都用比喻造词，但构词法不同；

---

[1] 李如龙. 词汇学理论与实践[M]. 北京：商务印书馆，2001：138.

等等。

这些都是比喻造词比较时需要注意的地方。

其他如：南北的比喻造词附加义是否一致？就扩展词来说，哪些词更容易通过比喻的方式扩展出新的义项？就新造词来说，南北的比喻新造词构词方式是否一样？不同的方言形成了哪些比喻语素？和官话相比又有什么区别呢？这些都要从大量语言事实中得到解析。

2．书面语与口语的研究

汉语的书面语和口语，不论是在古代还是现代，在词汇上都有很大的差异。然而，相较书面语研究，口语词汇研究不太景气。正如李如龙先生所说："汉语词汇中书——口差异这一事实，在历来汉语研究中并没有得到应有的关注。"[①]在实际口语中，书面语和口语常常是混用的，两者在历史上经过竞争和包容，汇成了汉语词汇鲜活而丰富的洪流。轻视口语词汇，对整个汉语词汇研究来说，是十分不利的。

那么，书面语和口语的差异是否只存在于语体、语用方面呢？李如龙先生指出："对汉语的词汇来说，书面语词和口头语词的研究不应该只停留在言语的变异和语用、语体的层面上。书面语词和口头语词的差异至少在两个方面是关系到汉语本体的结构和发展的：一是区别了两类不同来历的造词方法，一是构成了词汇发展的两个基本系统。"[②]这一观点首次指出汉语词汇系统的语体来源，丰富了汉语造词法理论，为词汇研究提供了新的思路。就比喻造词来说，它可以按音节分成双音节、三音节、四音节、五音节以上词语。双音节的来源最为复杂，书面语、口语中都有，如暗流（比喻潜伏的思想倾向或社会动态）、鞭挞（比喻抨击）、鞭策（比喻督促）、笔耕（写作）、敝屣（比喻没有价值的东西）、砭骨（刺人骨髓，形容使人感觉非常冷或疼痛非常剧烈）等都是书面语词；如材料（比喻适于做某种事情的人才）、馋猫（指嘴馋贪吃的人）、刺眼（惹人注意并且使人感觉不顺眼）、打响（比喻事情初步成功）、大炮（比喻好说大

[①] 李如龙．口语词汇与书面语词汇[D]．词汇学长春会议论文，2006．
[②] 李如龙．口语词汇与书面语词汇[D]．词汇学长春会议论文，2006．

话或好发表激烈意见的人）等都是口语词。三音节比喻造词绝大多数都是惯用语，这些惯用语几乎都是口语词，如：穿小鞋、吃豆腐、半瓶醋、背黑锅、狗腿子、挡箭牌、钉子户、掉书袋等。四音节比喻造词分成两个部分，一部分来自古代的典故、诗文，如：东施效颦、按图索骥、白驹过隙、白衣苍狗（比喻世事变幻无常）等；一部分来自口语，如：叠床架屋、定时炸弹（比喻潜在的危险）、白日见鬼（比喻出现不可能出现的事）、白日做梦等。五音节以上的词语多是口语创造，如丁是丁卯是卯、东风吹马耳（比喻对别人的话无动于衷）、按下葫芦浮起瓢等。这样看来，比喻造词的研究范围应该进一步扩张，视野应该更为广阔。而目前关于比喻造词书面语与口语的区别还很少有人关注到。

比喻造词的书面语词和口语词的比较研究，至少要回答这样几个问题：

比喻造词属于修辞转化造词法的一种，兴盛于近现代，近现代是白话逐渐登上历史舞台的重要时期，那么，比喻词语是否大多来自口语词？书面语词和口语词在比喻造词中的比例如何？古代的口语词和书面语词如何判断？比喻造词中的书面语词和口语词各有什么语言特点和文化特点？古代的比喻造词里的书面语词和口语词流传到今天的有多少？它们的竞争和消长有没有规律可循？这些问题的回答，将有助于廓清比喻造词的认识，对词汇学的理论和实践都具有重要的意义。

3. 比喻造词的认知机制

认知语言学将比喻看成是人类思维的内在机制，具有普遍性。借助认知语言学的兴起，比喻造词也重获青睐。我国学者对于比喻的认识也较为深入。但比喻造词中仍有一些问题需要我们继续思考：遇到新的事物或现象时，为什么有时人们选择创造新词、有时又选择创造新义呢？人们根据什么作出不同的选择？通过比喻手段创造的新词，抛却时间因素，一定容易理解吗？比喻新造词语中，全喻式的数量最多，其次为后喻式，再次为前喻式。从辞格来看，前喻式词语和明喻最为接近，而明喻是最典型的比喻，为什么这一类数量却最少，而全喻式最多呢？……所有这些问题都与认知有关，都要进行深入研究，寻找答案。

4. 比喻造词的泛化研究

生活中的比喻造词是很多的，有些比喻造词一经产生便被普遍接受流传下来，有些则需要经过相当一段时间的沉寂才能被广泛传播，有的不被大多数人认可，出现后不久即消失。追究原因，除了词语自身的因素，还包括行业因素、地域因素、社会政治因素、群体因素以及传播途径等，这些因素是如何对比喻造词施加影响的？这是日后需要深入研究的课题。

比喻造词还有许多难点，例如中文信息处理等。比喻造词的许多方面仍需要深入了解，进一步探究其中的规律与奥秘。

参考文献

1. 陈忠华，韩晓玲．语言学与文化人类学的边缘化及其交迭领域[M]．北京：外语教学与研究出版社，2007．

2. 谢信一，叶蜚声．汉语中的时间和意象（中）[J]．当代语言学，1992，1．

3. [美]戈德伯格．语言的奥妙[M]．太原：山西人民出版社，2003：62．

4. 蓝纯．认知语言学与隐喻研究[M]．北京：外语教学与研究出版社，2005：128．

5. 周荐．几种特殊结构类型的复合词[J]．世界汉语教学，1992，2．

6. 云贵彬．语言学名家讲座[M]．北京：中国传媒大学出版社，2006．

7. 李如龙．汉语地名学论稿[M]．上海：上海教育出版社，1998．

8. 李国南．辞格与词汇[M]．上海：上海外语教育出版社，2001：42．

9. 桂诗春，宁春岩．语言学方法论[M]．北京：外语教学与研究出版社，1997．

10. 索绪尔．普通语言学教程[M]．高名凯，译 北京：商务印刷馆，1980．

11. 徐国庆．词汇系统论[M]．北京：北京大学出版社，1999年．

12. 赵艳芳．认知语言学概论[M]．上海：上海外语教育出版社，2000．

13. 《古代汉语词典》编写组．古代汉语词典[M]．北京：商务印书馆，2003．

14. 元白．评近代汉语词典[J]．辞书研究，1993，5．

15. 张永言，董志翘．唐五代语言词典评介[J]．中国语文，1999，3．

16. 董志翘．评宋语言词典[J]．辞书研究，2000，1

17. 汪维辉．元语言词典评介[J]．辞书研究，2000，1．

18. 蒋冀骋，吴福祥．近代汉语词汇纲要[M]．长沙：湖南教育出版社，1997：185．

19. 向熹．诗经词典（修订本）[M]．成都：四川人民出版社，1997．

20. 张万起．世说新语词典[M]．北京：商务印书馆，1993．

21. 龙潜庵．宋元语言词典[M]．上海：上海辞书出版社，1985．

22. 郭熙．浅谈现代汉语中有比喻意义的词[M]．郑州：河南人民出版社，1985．

23. 孙云，王桂华．比喻构词刍议[J]．天津师范大学学报，1982，6．

24. 胡中文．试析比喻构造汉语新词语[J]．语文研究，1999，4．

25. 刘叔新．汉语描写词汇学[M]．北京：商务印书馆，1990：227．

26. 潘文国，等．汉语的构词法研究[M]．台北：台湾学生书局．1993．

27. 王松亭．浅谈隐喻在词汇体系发展和演变中的作用[J]．中国俄语教学1996，2．

28. 沈怀兴．汉语偏正式构词探微[J]．中国语文，1998，3．

29. 董秀芳．汉语的词库与词法[M]．北京：北京大学出版社，2004．

30. 彭迎喜．几种新拟设立的汉语复合词结构类型[J]．清华大学学报，1995，2．

31. 黄伯荣，廖序东．现代汉语（下册）增订四版[M]．北京：高等教育出版社，2007：46．

32. 张怡春．偏正结构复合名词语素异序现象分析[J]．南京师范大学学报，2007，4．

33. 侯友兰．比喻词补议[J]．汉语学习，1997，4．

34. 史锡尧．名词比喻造词[J]．中国语文，1996，6．

35. 陈嘉映．语言哲学[M]．北京：北京大学出版社，2003：375．

36. 陈望道．修辞学发凡[M]．上海：上海教育出版社，2004：79．

37. 赵元任．汉语口语语法[M]．北京：商务印书馆，1979：195．

38. 郭锐．现代汉语词类研究[M]．北京：商务印书馆，2002：200．

39. 陆俭明．现代汉语语法研究教程[M]．北京：北京大学出版社，

2005：43.

40. 苑春法，黄昌宁. 基于语素数据库的汉语语素及构词研究[J]. 世界汉语教学. 1998，2.

41. 何元建，王玲玲. 真假复合词[J]. 语言教学与研究，2005，5.

42. 杨润陆. 由比喻造词形成的语素义[J]. 中国语文，2004，6.

43. 仲崇山. 词义构成词的语素义的关系补论[J]. 佳木斯大学社会科学学报，2002，2.

44. 徐时仪. 古白话词汇研究论稿[M]. 上海：上海教育出版社，2000：362.

45. 陆宗达，王宁. 训诂与训诂学[M]. 太原：山西教育出版社，1994.

46. 兰宾汉. 语义派生与释义[J]. 辞书研究，2003，4.

47. 蒋绍愚. 古汉语词汇纲要[M]. 北京：北京大学出版社，1989：228.

48. 邵正业. 词的引申义和新词的派生[J]. 辞书研究，1989，3.

49. 戚雨村. 语言学引论[M]. 上海：上海外语教育出版社，1985.

50. 周荐. 比喻词语和词语的比喻义[J]. 语言教学与研究，1993，4.

51. 邹立志，张云秋. 词义比喻引申的语言心理基础分析[J]. 首都师范大学学报，2003，6.

52. 郭焰坤. 论修辞现象的历史比较[J]. 语文建设，1999，5.

53. 苏新春. 汉语词汇计量研究[M]. 厦门：厦门大学出版社，2001.

54. 束定芳. 隐喻学研究[M]. 上海：上海外语教育出版社，2001.

55. 王惠. 现代汉语名词词义组合分析[M]. 北京：北京大学出版社，2001：119.

56. 维诺格拉托夫. 词的词汇意义的主要类型[J]. 俄语教学和研究，1958，2-3.

57. 符淮青. 词义的分析和描写[M]. 北京：语文出版社，1996.

58. 高文达，王立廷. 词汇知识[M]. 济南：山东人民出版社，1980.

59. 苏宝荣. 词义研究与辞书释义[M]. 北京：商务印书馆，2000.

60. 苏新春，赵翠阳. 比喻义的训释与比喻义的形成[J]. 杭州师范学院学报，2001，5.

61. 刘福铸. "鹄立"正义[J]. 福建师范大学福清分校学报，1990，02.

62. 赵金铭. 对外汉语教学概论［M］. 北京：商务印书馆，2005：381.

63. 梅立崇. 汉语国俗语词刍议［J］. 世界汉语教学，1993，1.

64. 黄建华. 词典论［M］. 上海：上海辞书出版社，2001.

65. 朱芳华. 对外汉语教学难点问题研究与对策［M］. 厦门：厦门大学出版社，2006：215.

66. 徐彩华，李镗. 语义透明度影响小学儿童复合词学习的实验研究［J］. 语言文字应用，2001（1）.

67. 帕默尔. 语言学概论[M]. 北京：商务印书馆，1983：139.

68. 胡文仲. 英美文化词典[M]. 北京：外语教学研究出版社，1997：203-212.

69. 赵爱国，姜雅明. 应用语言文化学概论[M]. 上海：上海外语教育出版社，2003：129.

70. 周光庆. 古汉语词源结构中的文化心理[J]. 华中师范大学学报，1989，4.

71. 郭继红. 论比喻在汉语词语结构中的渗透[J]. 语文学刊，1997，04.

72. 宋正海. 东方蓝色文化:中国海洋文化传统[M]. 广州：广东教育出版社，1995.

73. 海斯，穆恩，韦兰. 世界史[M]. 北京：三联出版社，1975：17-18.

74. 冯时. 中国天文考古学[M]. 北京：社会科学文献出版社，2001.

75. ［德］汉斯·比德曼. 世界文化象征词典[M]. 桂林：漓江出版社，2000.

76. 王崇焕. 中国古代交通[M]. 北京：商务印书馆，1996.

77. 孙机. 中国古舆服论丛[M]. 北京：文物出版社，2001：58.

78. 宋建豪. 夏商社会生活史[M]. 北京：中国社会科学出版社，1994.

79. 吴裕成. 中国的门文化[M]. 天津：天津人民出版社，1999.

80. 薛麦喜. 黄河文化丛书：民食卷[M]. 太原：山西人民出版社，2001.

81. 王子初. 中国音乐考古学[J]. 福建教育，2003.

82. 肖模艳. 闽南方言隐喻词语研究[J]. 漳州师范学院学报，2010，6.

83. 李海霞. 汉语对动物命名取象的优先规律[J]. 南京社会科学学报，2000，10.

84. 赵艳芳. 认知语言学概论[M]. 上海：上海外语教育出版社，2001.

85. 黄华新，徐慈华. 隐喻表达与经济性原则[J]. 浙江大学学报，2006，3.

86. 胡壮麟. 认知隐喻学[M]. 北京：北京大学出版社，2004.

87. 李如龙. 词汇学理论与实践[M]. 北京：商务印书馆，2001：132.